Omas Rezepte

Hinweis:

Alle in diesem Buch enthaltenen Angaben wurden nach bestem Wissen erstellt und vom Verlag mit größtmöglicher Sorgfalt überprüft. Eine Verantwortung und Haftung für etwaige inhaltliche Unrichtigkeiten kann jedoch nicht übernommen werden.

Impressum

Omas Rezepte (Landküche)
1. Auflage: Cadmos Verlag GmbH, 2010

Copyright © 2010 by Cadmos Verlag, Schwarzenbek
Möllner Straße 47
21493 Schwarzenbek
info@cadmos.de
www.cadmos.de

Gestaltung und Satz: Ravenstein + Partner, Verden
Rezeptfotos & Titelfoto: André Chales de Beaulieu
Lektorat: Anneke Bosse
Druck: Westermann Druck, Zwickau

Alle Rechte vorbehalten. Reproduktion, Speicherung in Datenverarbeitungsanlagen, Wiedergabe auf elektronischen, fotomechanischen oder ähnlichen Wegen, Funk und Vortrag – auch auszugsweise – nur mit Genehmigung des Verlages.

Deutsche Nationalbibliothek – CIP-Einheitsaufnahme
Die Deutsche Nationalbibliothek verzeichnet diese Publikation in der Deutschen Nationalbibliografie; detaillierte bibliografische Daten sind im Internet über http://dnb.ddb.de abrufbar.

Printed in Germany

ISBN 978-3-8404-3503-4

Liebe Leser und Liebhaber der guten alten Küche,

„Omas Rezepte" – da erinnern wir uns an unübertroffene Gaumenfreuden, die die Kindheit versüßten und das ganze Geschmacksleben prägten. Ihre Tafelfreuden ließen Sonntage zu wahren Festtagen werden. Obwohl schon längst satt, konnte man ihren mehrgängigen Menüs bis zu den Süßspeisen und Torten nicht widerstehen.

Kennen Sie das auch? Man kann sich noch so sehr bemühen, trotzdem wollen die Rezepte einfach nicht so gelingen, wie man sie von Großmutter kennt. Liegt es an besonderen Zutaten oder an stillschweigend verwendeten Gewürzen? – „Nimm halt, was du gerade da hast!", ist wohl der beste Ratschlag, den man bekommen kann. Viele ältere Köchinnen kennen „ihre" Grundrezepte und wandeln diese dann je nach Bedarf mit den Zutaten ab, die gerade zur Hand beziehungsweise im Garten oder auf dem Markt zu haben sind. Kochen nach dem jahreszeitlichen und häuslichen Angebot – und mit viel Herz und Liebe.

In diesem Buch lüften wir ein wenig die Deckel von Großmutters Emailletöpfen, schauen in ihre Vorratskammer und in ihre Schatztruhe der Kniffe und Tricks. Alle Rezepte können nach Herzenslust abgewandelt, verfeinert und Ihrem persönlichen Geschmack angepasst werden. Setzen Sie selbst eigene Maßstäbe für die Generationen, die Ihnen nacheifern werden …

In Erinnerung an alle liebevoll und kreativ kochenden Omas wünschen wir gutes Gelingen und köstliche Ideen.

Ulrike Clever   Sven Hanne

Inhalt

Treffpunkt Küche – ein Besuch in Omas Reich............9

Man nehme: Rezept und Gefühl................11

Richtig garen, kochen und dünsten..................13

Gewusst wie – kleine Tricks mit großer Wirkung.............15

Saisonkalender für Obst und Gemüse..................20

Suppen und Eintöpfe............23
Altländer Hochzeitssuppe.....................25
Apfel-Flieder-Suppe.........................27
Haferflocken in Milch.........................27
Hannöversche Erbsensuppe................29
Birnen, Bohnen und Speck....................30
Bismarcksuppe.................................30
Kartoffelsuppe..................................31
Ochsenschwanzsuppe........................33
Klare Rinderkraftbrühe........................34
Pfifferlingssuppe...............................34
Reiseintopf......................................35
Schlesisches Himmelreich....................37
Sommersuppe..................................37
Wirsingkohl-Kartoffel-Eintopf..............38

Herzhafte Kleinigkeiten......39
Dampfnudeln mit Backobst...................41
Gefüllte Buchteln.............................43
Apfelkraut......................................43
Armer Ritter....................................44
Buchweizenpfannkuchen....................44

Lauchkuchen mit Hefeteig	45
Maultaschen	47
Zwiebelkuchen	49
Strammer Max	49
Obatzter/Obatzda	50
Quarkkeulchen	50

Fischgerichte ... 51

Karpfen in polnischer Soße	53
Omas Heringssalat	55
Forelle mit Pinienkernen	57
Anisgebeizter Lachs	58
Backfisch	58

Soßen und Tunken ... 59

Dunkle bzw. Braune Soße	60
Helle Soße	60
Cocktailsoße	60
Currysoße	61
Holländische Soße	61
Jägersoße	62
Kräutersoße	62
Mayonnaise	63
Meerrettichsoße	63
Pfeffersoße	63
Paprikasoße	64
Rahmsoße	64
Béchamelsoße	64
Senfsoße	65
Tomatensoße	65
Champignonsoße	66
Remouladensoße	66
Vinaigrette	66

Fleischgerichte ... 67

Himmel und Erde	69
Frikadellen	70
Hackfleischtopf	70
Jungschweinschinken	71
Kasseler überbacken	71
Königsberger Klopse	73
Rheinischer Sauerbraten	75
Rindsroulade	77
Brotauflauf	78
Krustenschinken	78
Sauerfleisch mit Backpflaumen	79
Schweinebraten klassisch	81
Rindergulasch	82
Tafelspitz	83
Coq au vin	85
Geflügelgeschnetzeltes in Sahnesoße	86
Schweinerippe mit Backobst	86
Hasenrückenfilet in Blätterteig	87
Hühnerfrikassee	89
Wildragout	90

Gemüse, Salat und Kartoffeln ... 91

Bratkartoffeln	93
Dicke Bohnen	93
Gefüllte Kartoffeln	95
Kohlrouladen	97
Grünkohl mit durchwachsenem Speck und Brägenwurst	98
Kartoffelgratin	98
Paprika-Zucchini-Gemüse	99
Krautwickel	101
Reibekuchen/Puffer	103
Rote-Bete-Salat	105
Sauerkraut	105
Selleriesalat	106
Warmer Kartoffelsalat	106

Inhalt

Nachspeisen 107	Butterkuchen vom Blech 124
Feines Apfel-Birnen-Kompott 108	Brottorte 124
Apfel-Cremespeise 108	Bergische Waffeln 125
Vanille-Äpfel 109	Frankfurter Kranz 125
Bratapfel mit Zucker und Zimt 111	Gugelhupf 127
Grießpudding 113	Hefezopf mit Rosinen 128
Apfelpfannkuchen mit Zucker und Zimt 113	Käsekuchen mit Streuseln 129
Hefepudding 114	Kalter Hund 131
Igel im Schnee 114	Kartoffeltorte 132
Karamell-Flammeri 115	Königskuchen 133
Orangencreme 117	Möhrenkuchen 135
Welfenspeise 119	Pflaumen-/Zwetschgentarte 136
Quarkspeise 120	Riemchentarte mit Birnenfüllung 137
Reispudding mit Makronen 120	Krapfen 138
	Streuselkuchen mit Füllung 139
Backwerk 121	Weihnachtsstollen 141
Bienenstich 123	Alphabetisches Rezeptverzeichnis 142

Im Buch verwendete Abkürzungen

Bd.	Bund	gestr.	gestrichen	ml	Milliliter
EL	Esslöffel	getr.	getrocknet	Msp.	Messerspitze
g	Gramm	gr.	groß	Pck.	Päckchen
geh.	gehackt	kg	Kilogramm	Pr.	Prise
gem.	gemahlen	kl.	klein	TK	Tiefkühlprodukt
ger.	gerieben	l	Liter	TL	Teelöffel

Treffpunkt Küche –
ein Besuch in Omas Reich

Benutzerfreundlich war sie sicher nicht, die Küche von anno dazumal. Die Öfen wurden mit Kohle und Holz befeuert – eine staubige Angelegenheit, die ständiges Putzen erforderte. Bei ungünstiger Wetterlage und Windrichtung funktionierte der Abzug durch das sichtbare Ofenrohr nicht und es qualmte in die Küche.

Doch das gab es natürlich auch: gemütlich lodernde und knisternde Flammen einer Feuerstelle, verführerische Düfte, die durchs ganze Haus zogen … In den hochaufgerüsteten Hightechkombüsen unserer Tage sucht man diese emotionalen Erlebnisse, die mit der guten alten Küche unserer Großmütter verbunden werden, vergeblich. Gewiss, die Technik vereinfacht viele Küchentätigkeiten, erleichtert und beschleunigt ihre Ausführung, macht alles insgesamt bequemer – das Flair von Behaglichkeit eliminiert sie dabei jedoch häufig gleichfalls.

Auch die Küchengerätschaften haben sich in den letzten Jahrzehnten gewaltig verändert. Zu Großmutters Zeiten war Handarbeit noch unabdingbar, denn Teig wollte gewalkt, die Sahne mit dem Schneebesen aufgeschlagen und die Kaffeemühle per Hand gedreht werden. Erst die Elektrifizierung und neue Materialien wie Kunststoff und Plexiglas haben viele Hilfsmittel entstehen lassen, die die Hausarbeit bequemer gestalten.

Behältnisse in unzähligen Ausführungen, Formen und Größen kamen bei Oma zum Einsatz. Einer der urtümlichsten Kochtöpfe aus Omas Tagen ist der schwere gusseiserne „Bräter". In ihm wird der Braten in die Backröhre geschoben und kann dann stundenlang unbeaufsichtigt vor sich hin brutzeln. In die Vertiefung des porösen Deckels füllt man Wasser, Bier oder eine andere Flüssigkeit. Damit ist dem Flüssigkeitshaushalt des Bratguts Genüge getan, denn innerhalb des Bräters bildet sich Kondenswasser, das sich am Deckel sammelt und automatisch für das Beschöpfen des Bratens sorgt. Das gusseiserne Behältnis hatte oftmals ein Eigengewicht von 10 Kilogramm. Mit mehreren Litern Suppe oder einigen Kilo Fleisch und Brühe gefüllt, bedeutete das Hantieren mit diesem Topf Schwerstarbeit. Trotzdem stellte der Bräter mit seiner sauberen Garweise, seiner Arbeits- und Zeitersparnis die Errungenschaft unserer Großmütter dar.

Vor allem wurde auch der richtigen Aufbewahrung der Lebensmittelvorräte viel Aufmerksamkeit geschenkt: Steinguttöpfe, Blechdosen und Gefäße aus Ton, Holz, Zinn, Silber, Glas und Keramik hatten alle ihre Bestimmung. Schmucke Mehl-, Zucker- und Salztöpfe sind auch heute noch begehrte Sammelobjekte. Butter- und Sauerkrautfässer, Tiegel und Mörser haben mittlerweile ihre Bedeutung verloren.

Damals ging es nur an Festtagen zum Essen in die gute Stube. Dann zeigte die mit einer Spitzendecke festlich geschmückte Tafel, auf der das gute Geschirr, die teuren Bleikristallgläser und das blank polierte Silberbesteck aufgedeckt waren, eindeutig an, dass ein ganz besonderes, selbstverständlich mehrgängiges Festmenü zelebriert werden sollte. Mit um den Hals geknoteten dicken, steifen, weißen Servietten warteten alle auf die Köstlichkeiten, deren Duft die Räume erfüllte. Erwartungsvoll wurde die Tür taxiert, aus der die dampfenden Terrinen und Platten, die Schüsseln und kunstvoll geschwungenen Pastetentöpfe, die Bratenberge und Tortentürme mit Heißhunger erwartet wurden. Ja, Hunger ist der beste Koch ...

Man nehme:
Rezept und Gefühl

Streng nach Rezept wurde früher selten gekocht. Oft waren es die Erfahrung, die individuellen Vorlieben der Köchin und schlichtweg die zur Verfügung stehenden Zutaten, die bestimmten, welches Gericht in welcher Variation auf den Tisch kam.

   Da ist es kaum verwunderlich, dass die ersten „Koch- und Schmeckebücher" vergangener Jahrhunderte noch gänzlich auf Mengenangaben verzichteten. Erst Henriette Davidis (1801–1876) führte 1844 in ihrem Werk:*„Praktisches Kochbuch. Zuverlässige und selbstgeprüfte Recepte der gewöhnlichen und feineren Küche"* in Deutschland die bis heute übliche Kochbuchsystematik mit den obligatorischen Mengenangaben ein. Der erste Kochbuchbestseller war geboren, der heute, in nahezu 80. überarbeiteter und erweiterter Auflage, immer noch seine Abnehmer findet. Neben der Bibel war

Henriette Davidis' Kochbuch bis in die erste Hälfte des 20. Jahrhunderts ein übliches Standardgeschenk für Bräute. Die Wendung „Man nehme ..." am Beginn der Rezepte hat sich bis zum heutigen Tage als geflügeltes Wort und geradezu als Synonym für Kochbücher eingebürgert.

Dieses Kochbuch war jedoch weit mehr als eine Rezeptsammlung. Es war gleichzeitig ein Ratgeber mit vielen Tipps und Tricks zur Haushalts- und Familienführung, zur Tischkultur und Küchentechnik. So stellt die Autorin folgende Weisheit an den Anfang ihrer Ausführungen, die auch heute noch Gültigkeit hat: „Die erste Anforderung, um wohlschmeckend und fein zu kochen, ist Reinlichkeit, die ich allen jungen Anfängerinnen freundlich anempfehle. Es gehört dazu Sauberkeit der Hände, Reinlichkeit der Küchengeräte, der Anrichten und Tische, große Reinlichkeit im Waschen und Spülen der Gemüse."

Die Zeiten haben sich geändert. Viele Leib- und Magenspeisen aus Großmutters Tradition sind in Vergessenheit geraten. Einen nahezu einheitlichen Rezeptkanon, auf den sich die allermeisten Speisen zurückführen lassen, gibt es nicht mehr. Hauswirtschaft ist kein obligatorisches Unterrichtsfach und gehört nicht mehr zum Pflichtprogramm der Erziehung.

Auch die tägliche Zubereitung von selbst gemachten Speisen ist keine Selbstverständlichkeit mehr. Im Gegenteil, das handgemachte Kochen ohne Hilfsmittel wie Instantwürfel und sonstige Convenienceprodukte, ohne Dosen- und Tiefkühlkost, ist beinahe schon zur reinen Freizeitbeschäftigung geworden. Einstmals alltägliche Zubereitungsrituale haben ihre Routine eingebüßt. Da ist es gut, wenn man auf Omas – oft genug auch schon Uromas – Wissen und Rat zurückgreifen kann, denn viel zu schnell ist man mit seinem eigenen Küchenlatein am Ende. Die Rückbesinnung auf regionaltypische Gerichte und das gestiegene Bewusstsein für gesunde, saisonale Naturkost verhilft der Kochkunst unserer Altvordern zu neuen Ehren.

Übrigens: Die wichtigsten Zutaten in Omas Rezeptbuch sind Zeit und Ruhe. Es war eine Selbstverständlichkeit, Teig oder einer sonstigen Masse Zeit zum Gehen sowie Ruhe zur Geschmacksbildung zu lassen. Vor allem Hefe braucht Zeit, um ausreichend Nährstoffe bilden und ihre aufblähende Wirkung entwickeln zu können. Nur richtig durchgezogene Speisen können ihren vollen Geschmack entfalten.

Richtig garen,
kochen und dünsten

Was darf gedünstet werden? Was sollte besser gar gezogen werden? Wann ist das Wasserbad die richtige Methode?

Braten
Bei 135 bis 200 Grad wird vor allem kurz gebratenes Fleisch wie Koteletts oder Steaks zubereitet. Durch die Hitze entsteht schnell eine Kruste, die das Innere saftig hält. Wenn das Stück am Anfang kurz am Pfannenboden festklebt, sollte es niemals von diesem losgerissen werden. Dadurch wird nur die Kruste zerstört, der Saft tritt aus und das Fleisch wird trocken.

Dämpfen
Das Gargut kommt in einen Siebeinsatz und gelangt so nicht direkt ins Kochwasser. Bei geschlossenem Deckel köchelt das Wasser unter dem Sieb und erzeugt den Wasserdampf, der zum Garen nötig ist. Diese äußerst schonende Methode eignet sich für empfindliche Lebensmittel wie Fisch, Gemüse oder Kartoffeln.

Dünsten
Hierbei gart das Lebensmittel bei 100 bis 110 Grad im eigenen Saft, gegebenenfalls wird noch etwas Wasser und Fett zugefügt. Dieses schonende Garverfahren eignet sich für Gemüsesorten, die einen hohen Flüssigkeitsgehalt haben, zum Beispiel Tomaten.

Frittieren
In einem Topf mit über 175 Grad heißem Fett werden panierte oder in Ausbackteig gehüllte Lebensmittel wie Fleisch, Fisch, Geflügel, Gemüse, Obst oder Teigwaren ausgebacken. Je heißer das Fett, desto schneller bildet sich eine Kruste, die das Vollsaugen mit Fett verhindert.

Garziehen/Simmern
Beim Garziehen darf das Wasser in einem großen Topf 75 bis maximal 96 Grad erreichen, also nicht sieden. Bei diesen Temperaturen bereitet man zum Beispiel Klöße zu.

Kochen
Das Wasser muss den Siedepunkt erreichen und Blasen aufwerfen. Diese Hitze ist bei Speisen erforderlich, die beim Kochen auslaugen sollen, wie Fleisch und Gemüse, deren wertvolle Nähr- und Aromastoffe im Kochwasser für Suppen, Eintöpfe oder Soßen benötigt werden.

Schmoren
Größere Fleisch- oder Geflügelteile werden gerne in einem Bräter geschmort. Sie werden zunächst bei großer Hitze scharf angebraten, damit sie eine Kruste bilden und ihre Poren verschließen. Anschließend werden bei geringer Hitze die übrigen Zutaten wie Brühe, Wein, Bier oder Wasser zugefügt. Bei verschlossenem Deckel gart dann alles weiter und bildet zudem eine herrliche Soße.

Schnellkochen
Schnellkochtöpfe erhöhen den Druck, sodass das Wasser in ihnen bis zu 116 Grad erreicht. Damit verkürzt sich die Garzeit der Lebensmittel, zum Beispiel bei Schmorbraten, Eintöpfen oder Suppen, und Energie lässt sich einsparen.

Wasserbad
Empfindliches Gargut wie Süß- oder Eierspeisen sollen nicht selbst kochen, sondern nur indirekt erwärmt werden, damit sie schmelzen oder stocken, ohne anzubrennen. Dazu wird Wasser in einem großen Topf erhitzt und ein kleinerer Topf mit dem Gargut in den großen Topf gehängt.

Gewusst wie – kleine Tricks mit großer Wirkung

Omas „Geheimtipps" gehörten noch bis vor gar nicht allzu langer Zeit zum Allgemeinwissen jeder Hausfrau. Die Tricks sind jedoch immer mehr in Vergessenheit geraten, denn Koch- und Hauswirtschaftskurse, die noch bis in die 1950er-Jahre zum Ausbildungsplan jeder jungen Frau gehörten, sind schon lange aus der Mode gekommen. Getrennte Hausstände erschweren zudem den Erfahrungsaustausch der Generationen. Einfache Lösungen und nützliche Kniffe für drängende Probleme im Haushaltsalltag sind mittlerweile begehrtes Wissen. Hier einige der wichtigsten Tricks aus dem Erfahrungsschatz von damals.

Blumenkohl kochen
Blumenkohl erhält einen besonders leckeren Geschmack, wenn er nicht mit Leitungswasser, sondern mit Mineralwasser gekocht wird. Den Unterschied schmeckt man garantiert. Strahlend weiß wird Blumenkohl, wenn man noch etwas Milch hinzufügt.

Braten anbraten
Das Fleisch sollte gleich zu Anfang von allen Seiten angebraten werden, da sich dann die Poren verschließen und das Bratenfleisch schön saftig bleibt. Richtig zart wird ein Braten jedoch nur, wenn das Fleisch gut abgehangen ist.

Braten aufwärmen
Bratenreste wärmt man am besten auf, indem man die Scheiben in einem Sieb über einen Topf mit kochendem Wasser hängt. So bleibt der Braten viel saftiger, als wenn man ihn in der Soße erwärmt.

Dickmilch herstellen
Gibt man 2 bis 3 Esslöffel Buttermilch in 1 Liter Frischmilch (keine H-Milch!), entsteht schon in Kürze Dickmilch. Diese geronnene Milch, auch Sauermilch genannt, ist sehr erfrischend und eignet sich hervorragend für säuerliche Soßen.

Dosengeschmack
Lebensmittel, die in Metallbehältern angeboten werden, sollten nach dem Öffnen vollständig aus der Dose entfernt werden, da sie sonst den Metallgeschmack annehmen. Dies gilt übrigens auch für Kondensmilch.

Eierfrische
Um zu prüfen, welche Eier alt und welche frisch sind, gibt es einen ganz einfachen Trick: Dazu das Ei in ein Wasserglas legen. Sinkt es auf den Boden, dann ist es ganz frisch. Sieben bis zehn Tage alte Eier richten sich im Wasser leicht auf. Wenn das Ei an der Oberfläche schwimmt, dann ist es mindestens 14 Tage alt.

Zwei Wochen alte Eier sollten, selbst wenn sie im Kühlschrank aufbewahrt wurden, nicht mehr als Frühstückseier verwendet werden. Zum Braten und Backen sind sie zwar noch geeignet, dennoch sollte man Eier immer möglichst frisch verbrauchen.

Eiswürfel
Glasklare Eiswürfel bekommt man, indem man das Wasser abkocht, auskühlen lässt und dann einfriert. Gekochtes Wasser gefriert klar, weil es weniger Sauerstoff enthält.

Entfetten von Brühe
Eine heiße, fette Brühe kann man entfetten, indem man Küchenkrepp oben auf die Brühe legt. Das saugt eine Menge von dem Fett auf. Bei erkalteter Brühe lässt sich der Fettdeckel abheben.

Erbsensuppe
Gibt man vor den Erbsen ein Stück Brot in die Suppe, dann können die Erbsen nicht absinken und am Boden anbrennen.

Erdbeeren
Erdbeeren schmecken viel aromatischer, wenn man ein wenig frisch gemahlenen schwarzen Pfeffer darüber verteilt. Aber Vorsicht: nicht zu viel, denn dann wird es scharf!

Fett erhitzen
Hält man einen Holzlöffel in erhitztes Fett, dann bilden sich kleine Bläschen, wenn das Fett die richtige Hitze erreicht hat.

Fett schaumig rühren
Stäubt man vor dem Rühren etwas Mehl über Butter und Margarine, dann lässt sich diese viel schneller schaumig schlagen.

Fettspritzer
Beim Braten spritzt das Fett in der Pfanne wesentlich weniger, wenn man eine Prise Salz oder etwas Mehl hinzugibt.

Fischkauf
Rosa Kiemen und klare Augen sind Zeichen für frischen Fisch. Sind sie grau, dann ist er alt und sollte nicht mehr gekauft und verarbeitet werden.

Fisch niemals kochen
Fisch sollte möglichst nur gedämpft werden. Sobald sich die Rückenflosse mühelos abtrennen lässt, ist der Fisch fertig gegart. In Alufolie zubereitet, bleibt Fisch besonders saftig. Eine ansehnliche braune Kruste erhält Fisch, wenn dem Bratfett etwas Salz zugefügt wird.

Fleischbrühe herstellen
Fleischbrühen bekommen eine appetitliche dunkle Färbung, wenn die Suppenknochen vor dem Auskochen gut angebraten werden. Suppenfleisch vom Rind sollte mindestens drei bis fünf Tage abgegangen sein, dann nur langsam erwärmt und einige Stunden am Stück sieden gelassen werden.
Kalbsknochen sorgen mit ihrem hohen Gelatinegehalt für eine Eindickung und Trübung der Brühe. Klar wird sie durch das Mitkochen von Karottenstücken oder Eierschalen, die in ein Leinensäckchen gegeben werden.

Geflügel braten
Geflügel sollte niemals über 160 bis 180 Grad gebraten werden. Zudem ist es wichtig, dass es regelmäßig mit Bratenfett begossen wird, denn nur so bleibt das Fleisch innen saftig und bildet außen eine leckere Kruste. Sie wird besonders kross, wenn man die Haut mit Zucker bestreut.

Geflügelbrühe herstellen
Damit das Geflügel genügend Brühe abgibt, wird es in kaltes Wasser gegeben und erhitzt, denn dann verschließen sich die Poren nicht sofort.
Wenn jedoch das Fleisch zum Verzehr gekocht werden soll, wird es in kochendes Wasser

gegeben, damit sich die Poren rasch verschließen und das Fleisch saftig bleibt.

Gemüse dünsten
Frisches Gemüse wird nicht in Wasser, sondern in Fett gedünstet. Ein Wasserbad führt dazu, dass die wichtigen Nährstoffe, der Geschmack und die Farbe ausgespült werden

Gemüsefarbe erhalten
Grünes Gemüse sollte niemals mit verschlossenem Deckel gekocht werden. Wenn man zudem eine Prise Zucker ins Kochwasser von Erbsen gibt, dann erhalten sie ihre frische grüne Farbe.

Gemüse und Salat frisch halten
Salat und Gemüse bewahrt man am besten in einem feuchten Küchentuch auf.

Grillen mit einer besonderen Duftnote
Einfach Rosmarin- oder Lorbeerblätter oder Wacholderbeeren in die Holzkohlenglut streuen – so bekommt das Fleisch ein ganz besonderes Aroma.

Hefe
Hefe verliert an Triebkraft, wenn sie älter als zwei Wochen beziehungsweise nicht gut in Frischhaltefolie eingepackt ist. Sie kann nur zuverlässig arbeiten, wenn sie nicht austrocknet. Deshalb sollte sie im Kühlschrank aufbewahrt werden.

Kakao- und Kaffeepulver
Kakao und Kaffee werden aromatischer, wenn man eine ausgeschabte Vanilleschote mit in die Vorratsdose legt.

Kartoffelklöße in Form halten
Rollt man die rohen Klöße in Stärkemehl oder gibt man etwas Mehl ins Kochwasser, wird ihr Auseinanderfallen verhindert.

Kräuter frisch halten
Frische Küchenkräuter halten sich mehrere Tage, wenn man sie in einem aufgeblasenen und gut verschlossenen Beutel im Kühlschrank aufbewahrt. Eine andere Methode ist es, Kräuter in Gläser mit Schraubverschluss abzufüllen und mit einer dünnen Salzschicht zu bedecken. Das Salz konserviert die Kräuter sehr schnell, sodass sie lange erhalten bleiben.

Kräuterflaschen
In Essig eingelegt, können Kräuter noch länger aufbewahrt werden. Für Kräuteressig wird am besten heller Essig in eine Flasche gefüllt und mit Kräuterzweigen wie zum Beispiel Thymian oder Rosmarin bestückt. Verschlossen ein paar Tage stehen lassen, dann hat der Essig das Kräuteraroma angenommen. Mit Kräuteressig lassen sich Salate und viele andere Dinge herrlich verfeinern. Hübsch hergerichtet, können Kräuteressigflaschen auch als Küchengruß verschenkt werden.

Mohrrüben aufbewahren
Zum Aufbewahren sollte das Kraut von den Mohrrüben entfernt werden, da es den Wurzeln Flüssigkeit entzieht.

Petersilie als Feuchtigkeitsspender
Gibt man für ein paar Stunden in eine verschließbare Dose mit Trockenkräutern die gleiche Menge frische Petersilie, dann werden auch die getrockneten Kräuter wieder schmackhaft.

Petersilie einfrieren
Um klein gehackte Petersilie einzufrieren, legt man sie einfach in einen Eiswürfelbehälter und gießt diesen ganz normal mit

Gewusst wie

Wasser auf. So hat man jederzeit einen Würfel frischer Petersilie parat.

Pudding ohne Haut
Manche mögen keinen Pudding, wenn eine Haut darauf ist. Den Pudding einfach mit Zucker bestreuen, solange er noch heiß ist. Der zerschmolzene Zuckersaft verhindert, dass sich eine Haut bilden kann.

Pumpernickel zum Andicken
Wird zerbröselter Pumpernickel in die Bratensoße gestreut, dann wird diese nicht nur sämig, sondern bekommt einen sehr herzhaften Geschmack.

Radieschen aufbewahren
Radieschen halten sich am besten, wenn sie in Wasser gestellt oder in einen Frischhaltebeutel gefüllt werden. Die Blätter nicht abschneiden!

Reis
Reis bekommt ein wunderbares Aroma und eine herrlich weiße Farbe, wenn man in das Kochwasser eine Grapefruit oder Orange presst oder einige Spritzer Zitrone zugibt.

Rotkohl verfeinern
Rotkohl bekommt einen aromatischen Geschmack und eine schöne Farbe, wenn mit ihm säuerliche Apfelstücke oder Apfelkompott gekocht werden. Fügt man dem Rotkohl beim Garen ein Glas Rotwein hinzu, wirkt sich das sehr günstig auf den Geschmack und die Bekömmlichkeit aus.

Rühreier
Rühreier werden locker und zart, wenn man pro Ei einen Esslöffel Mineralwasser hinzufügt.

Sahne steif schlagen
Sahne immer ungezuckert aufschlagen und danach süßen. Bei Wärme hilft es, wenn der Schlagsahne einige Zitronenspritzer zugegeben werden, damit sie steif wird.

Sandkisten im Lagerraum
Gemüse und Salat wie Kohl, Möhren und Endivien können eingekellert werden, indem man sie in mit Sand gefüllten Kisten eingräbt. Der Sand ist ständig ein wenig feucht zu halten.

Sellerie weißen
Wenn Sellerie vor dem Kochen einige Stündchen in Essigwasser geblichen wird, behält er auch nach dem Kochen seine weiße Farbe.

Senf als Marinade
Braten aus Ochsen- und Rindfleisch werden zart und geschmacklich verfeinert, wenn sie einige Stunden vor dem Bratvorgang mit Senf eingerieben und zum Durchziehen abgedeckt oder eingewickelt stehen gelassen werden.

Silberbesteck
Silberbesteck hat in aggressiven Speisen mit Essig, Salz und Marinade nichts zu suchen, denn das enthaltene Kupfer bildet giftigen Grünspan. In Verbindung mit Ei verursachen die Schwefelverbindungen eine Schwarzfärbung des Silbers.

Speckschwarten sind nützlich
Speckschwarten sollten nicht weggeworfen werden. Sie eignen sich hervorragend zum Einfetten von Formen und Töpfen. Außerdem können sie für kräftige Suppen ausgekocht werden.

Tomaten schälen
Tomaten lassen sich, wie generell alle Obstsorten mit einer dünnen Schale, am besten schälen, wenn man sie kurz in sehr heißes Wasser gibt und dann unter kaltem Wasser abschreckt. Dann kann die Haut leicht mit einem spitzen Messer abgezogen werden.

Tomaten süßen
Ein wenig Zucker bringt das Aroma von Tomaten besonders zur Geltung.

Trockenobst

Das Dörren von Obst ist ideal, wenn man einen großen Obstgarten hat. Zum Herstellen geht man wie folgt vor: Apfel- oder Birnenscheiben in Zitronensaft marinieren, dann auf mit Pergamentpapier bedeckten Rosten oder auf Obstdarren ausbreiten. Wenn sie nach einigen Stunden ledrig, aber immer noch biegsam sind, werden sie im Backofen bei 60 Grad fertig gedörrt. Dabei die Herdtür nicht vollständig verschließen, denn es ist wichtig, dass die Feuchtigkeit entweichen kann.

Alternativ kann man die Obstscheiben auch an einem schattigen, trockenen und luftigen Ort zum Trocknen aufhängen.

Apfelringe, Birnenstücke, Pflaumen oder Zwetschgen eignen sich besonders gut zum Trocknen. Aber auch Bohnen, Tomaten, Möhren, Wirsing, Sellerie und Lauch lassen sich dörren.

Getrocknetes Obst, das auch als Dörr- und Backobst bezeichnet wird, lässt sich sehr vielseitig beim Kochen verwenden. Es enthält alle Nährstoffe, die auch frische Früchte haben – nur in geballter Form. Zu Aprikosen, Bananen, Feigen, Pflaumen, Rosinen, Korinthen und Ähnlichem sollte man immer viel Wasser trinken. Wer Schwefel nicht verträgt, achte auf ungeschwefelte Trockenfrüchte.

Versalzene Speisen

Das Salz in der Suppe ist eine heikle Angelegenheit, bei der es auf die Dosierung ankommt. Versalzene Suppen kann man retten, indem man rohes Eiweiß mit in die Suppe gibt. Unmittelbar nachdem es geronnen ist, kann es abgeschöpft werden. Das Eiweiß hat nun den größten Teil des Salzes aufgenommen und die Suppe ist wieder genießbar.

Ein bis zwei rohe Kartoffeln, die man in die Suppe gibt, haben dieselbe Wirkung. Sie binden das Salz und können problemlos entfernt werden.

Soßen werden durch das Strecken mit Wasser wieder genießbar. Anschließend mit reichlich Sahne oder Crème fraîche andicken und ein wenig einkochen lassen. Sollte die Soße noch zu dünnflüssig sein, dann kann sie mit einem verquirlten Eigelb gebunden werden.

Welke Salatblätter

Salatblätter, die zu welken beginnen, sehen wieder frisch aus, wenn sie für etwa 30 Minuten in ein Zitronenwasserbad gelegt werden. Feldsalat erholt sich in lauwarmem Wasser.

Wildbraten

Für ein köstliches Aroma des Wildbratens wird einfach ein Schnapsglas Kräuterlikör zum Braten gegeben.

Zähes Fleisch

Einen zähen Braten schneidet man auf und legt ihn für ein paar Stunden in eine Beize aus kalter Essigbouillon. Wird es danach erneut erwärmt, besitzt das Fleisch einen feinen Geschmack.

Zitronen ergiebiger

Weitaus mehr Saft geben (ungespritzte!) Zitronen ab, wenn sie vor dem Pressen zehn Minuten in heißes Wasser gelegt werden.

Zitronenschale

Die geriebene Schale einer Zitrone, wie sie in vielen Rezepten aus Omas Zeit benötigt wird, sollte stets von einer unbehandelten Zitrone stammen. Alternativ gibt es auch fertige Zitronenschale in der Gewürzabteilung.

Zwiebeln schneiden

Tränen beim Zwiebelschneiden müssen nicht sein, wenn man sie unter fließend kaltem Wasser schneidet. Hände anschließend mit rohen Kartoffelscheiben abreiben, um den Zwiebelgeruch wieder loszuwerden. Übrigens schmeckt Zwiebellauch ebenfalls sehr schmackhaft und führt nicht zum Brennen und Tränen der Augen.

Saisonkalender für Gemüse & Blattsalate & Obst

Legende: ● = Saison (frisch) · ◐ = Lagerware

Gemüse	JAN	FEB	MÄRZ	APRIL	MAI	JUNI	JULI	AUG	SEP	OKT	NOV	DEZ
Auberginen					●	●	●	●	●	◐		
Bleich-/Staudensellerie	◐	◐	◐			●	●	●	●	●	◐	◐
Blumenkohl					●	●	●	●	●	●	◐	
Brokkoli, Spargelkohl						●	●	●	●	●		
Busch-, Stangenbohnen						●	●	●	●	●		
Champignons	●	●	●	●	●	●	●	●	●	●	●	●
Chicorée	◐	◐	◐						●	●	●	●
Chinakohl	●	●	●	●		●	●	●	●	●	●	●
Dicke Bohnen						●	●	◐				
Einlegegurken							●	●	●	●		
Erbsen, grün						●	●	●				
Fenchel						●	●	●	●	◐	◐	
Grünkohl	◐	◐								●	●	●
Kartoffeln	◐	◐	◐	◐	◐	●	●	●	●	●	●	●
Kohlrabi					●	●	●	●	●	●		
Kürbis								●	●	●	●	◐
Mangold						●	●	●	●	●		
Meerrettich	●	●	●	●					●	●	●	●
Möhren	◐	◐	◐	◐	●	●	●	●	●	●	●	◐
Paprika							●	●	●	◐		
Pastinaken	●	●	●	●					◐	●	●	●
Porree/Lauch	●	●	●	●	●		●	●	●	●	●	●
Postelein	●	●	●	●					●	●	●	●
Radieschen				●	●	●	●	●	●	●		
Rettich					●	●	●	●	●	●	●	◐
Rosenkohl	◐	◐	◐							●	●	●

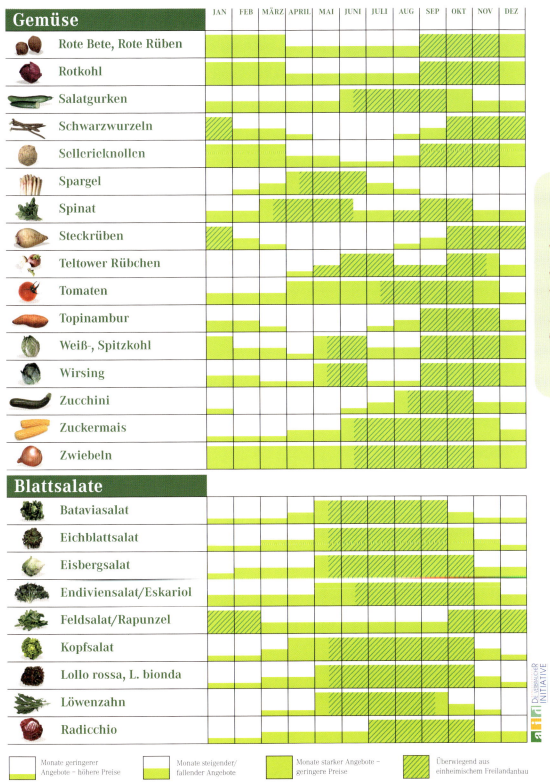

OBST — Saisonkalender

Legende:
- ○ = Monate geringerer Angebote – höhere Preise
- ◐ = Monate steigender/fallender Angebote
- ● = Monate starker Angebote – geringere Preise
- ▓ = Überwiegend aus einheimischem Freilandanbau

OBST	JAN	FEB	MÄRZ	APRIL	MAI	JUNI	JULI	AUG	SEP	OKT	NOV	DEZ
Äpfel	○	○	○	○				●▓	●▓	●▓	●▓	●
Aprikosen						◐	●▓	●▓	◐			
Birnen	○	○	○					◐	●▓	●▓	●▓	●
Brombeeren							◐	●▓	●▓	◐		
Erdbeeren					◐	●▓	●▓	◐				
Heidelbeeren							◐▓	●▓	◐▓			
Himbeeren						◐	●▓	●▓	◐▓			
Holunderbeeren								◐	●▓	●▓		
Johannisbeeren						◐	●▓	●▓				
Kirschen, sauer							●▓	●▓				
Kirschen, süß						◐	●▓	●▓				
Mirabellen/Renekloden							◐	●▓	●▓			
Pfirsiche/Nektarinen						◐	●▓	●▓	●▓	◐		
Pflaumen/Zwetschen							◐▓	●▓	●▓	◐▓		
Preiselbeeren								●▓	●▓	●▓		
Quitten									◐▓	●▓	◐	
Rhabarber				◐	●▓	●▓						
Stachelbeeren							●▓	●▓				
Wasser-/Zuckermelonen					◐	●	●▓	●▓	●▓	◐		
Weintrauben								◐	●▓	●▓	●▓	◐
Walnüsse	○	○							◐	●▓	●▓	●
Haselnüsse	○	○							◐	●▓	●▓	●
Esskastanien									◐	●▓	●▓	●

Suppen und Eintöpfe

Man muss die Suppe auslöffeln, die man sich eingebrockt hat.

Altländer Hochzeitssuppe
(für 4 Personen)

Die Hochzeitssuppe gehört noch heute zum traditionellen Festmahl nach einer Trauung. Oft wurde das Rezept in der Familie über Generationen weitervererbt. Guter Brauch war es früher, dass die Braut die Suppe selbst würzte, damit festgestellt werden konnte, ob sie dem Bräutigam eine gute Hausfrau wird. Wenn später bei Tisch das Brautpaar gleichzeitig die Suppe auslöffelte, galt dies als Garantie dafür, dass keiner den anderen überleben würde.

Zubereitung:

1. Rindfleisch, etwas Salz, Knochen und das Wasser in einen Topf geben.
2. Alles zum Kochen bringen und etwa 90 Minuten auf kleiner Flamme köcheln lassen. Zwischendurch mehrmals abschäumen.
3. Die Suppe durch ein feines Haarsieb passieren.
4. Das Fleisch in Würfel schneiden.
5. Die Butter mit dem Mehl in einem Topf erhitzen, glatt rühren, mit der Brühe ablöschen und nochmals aufkochen.
6. Fleischwürfel in die Suppe geben und mit Salz, Muskat und Ingwer abschmecken.
7. Eigelbe unterziehen.
8. Gemüse waschen, putzen und würfeln und in einem anderen Topf ca. 10 Minuten in Salzwasser garen. Anschließend der Suppe zufügen.
9. Die Rosinen heiß waschen, mit Wasser bedecken, kurz aufkochen, 5 Minuten ziehen lassen und in die Suppe geben.

Zutaten:

1,5 kg mageres Rindfleisch
Salz
3 Markknochen
2 l Wasser
80 g Butter
80 g Mehl
etwas Muskat
etwas gem. Ingwer
2 Eigelbe
½ Sellerieknolle
2 Petersilienwurzeln
2 Stangen Lauch
200 g Rosinen

Suppen und Eintöpfe

Apfel-Flieder-Suppe
(für 8 Personen)

Zutaten:
500 g frische Fliederbeeren oder 100 g getr. Fliederbeeren
1 Zimtstange
2 l Wasser
500 g saure Äpfel
8 EL Zucker
1 Prise Salz
2 EL Kartoffelmehl

Zubereitung:
1. Die frischen Fliederbeeren waschen bzw. die getrockneten in Wasser oder Apfelsaft einlegen.
2. Die Beeren mit der Zimtstange in einen Kochtopf geben, mit Wasser auffüllen und zum Kochen bringen.
3. Den Sud durch ein Sieb streichen, sobald die Beeren ausgekocht sind.
4. Äpfel schälen, entkernen und in Stückchen schneiden.
5. Apfelstücke in der Fliedersuppe weich kochen.
6. Zucker und Salz unterrühren.
7. Die Suppe mit dem Kartoffelmehl binden.

Suppen und Eintöpfe

Haferflocken in Milch
(für 4 Personen)

Zutaten:
1 l Milch
50 g Zucker
25 g Butter oder Margarine
125 g Haferflocken
etwas Zimt

Zubereitung:
1. Die Milch mit dem Zucker und dem Fett zum Kochen bringen.
2. Die Haferflocken in die Milch rühren und unter gelegentlichem Rühren dick ausquellen lassen.
3. Mit Zimt bestreuen.
4. Warm oder kalt servieren.

Hannöversche Erbsensuppe
(für 6-8 Personen)

Zutaten:

2 kl. Möhren
1 Petersilienwurzel
$1/2$ Stange Lauch
1,5 l Fleischbrühe
etwas Salz
etwas Zucker
1 EL Butter
600 g frische, enthülste Erbsen

Für die Grießklößchen:
$1/4$ l Milch
1 EL Butter
etwas Salz
etwas Zucker
100 g Weizengrieß
2 Eier
1 Bund gehackte Petersilie

Zubereitung:

① Gemüse putzen und in kleine Würfel schneiden.
② Die Fleischbrühe erhitzen und mit etwas Salz, Zucker und der Butter abschmecken.
③ Das Gemüse zugeben und ca. 10 Minuten halbgar kochen.
④ Die Erbsen zugeben und weitere 10 Minuten mitkochen lassen.
⑤ Für die Grießklößchen die Milch mit Butter, Salz und Zucker zum Kochen bringen.
⑥ Den Grieß hineinstreuen, den Herd auf kleinste Hitze stellen und den Grieß so lange rühren, bis sich die Masse vom Topfboden löst.
⑦ Nochmals abschmecken.
⑧ Den Topf vom Herd nehmen und ein Ei in die heiße Masse rühren.
⑨ Erst wenn der Brei abgekühlt ist, das zweite Ei hinzugeben.
⑩ Mit zwei nassen Teelöffeln Klößchen abstechen und in die Erbsensuppe geben.
⑪ Die Klößchen 10 Minuten in der Suppe ziehen lassen, damit sie richtig heiß werden und ein wenig Geschmack der Suppe annehmen können.
⑫ Die Erbsensuppe in tiefen Tellern anrichten und mit Petersilie bestreuen.

Suppen und Eintöpfe

Tipp
Die Suppe ist nur dann richtig nach hannöverscher Art zubereitet, wenn Grießklößchen enthalten sind.

Birnen, Bohnen und Speck
(für 6 Personen)

Zutaten:
½ l Wasser
500 g durchwachsener Speck
1 kg grüne Bohnen
500 g kl. Kochbirnen
etwas frischer weißer Pfeffer
3 TL Speisestärke
1 Bund Petersilie

Zubereitung:
① Das Wasser zum Kochen bringen, den Speck zugeben und bei kleiner Flamme gut 30 Minuten kochen lassen.
② In der Zwischenzeit die Bohnen waschen, von den Strünken befreien und in Stücke schneiden. Birnen waschen, halbieren und vom Kerngehäuse befreien.
③ Zuerst die Bohnen, dann die Birnen in die Brühe geben und 30 Minuten bei geringer Hitze kochen lassen.
④ Birnen, Bohnen und Speck entnehmen.
⑤ Bohnen mit dem Pfeffer würzen.
⑥ Die Speisestärke mit etwas kaltem Wasser anrühren und unter die kochende Brühe geben.
⑦ Die Bohnen wieder in die Brühe zurückgeben.
⑧ Petersilie hacken und ebenfalls in die Brühe geben.
⑨ Zum Schluss den Speck in Scheiben schneiden, mit den Birnen in den Topf geben und alles erhitzen.

Bismarcksuppe
(für 6-8 Personen)

Zutaten:
1 Sellerieknolle
50 g Butter
125 g Schinkenspeck
1,5 l Fleischbrühe
2 EL Mehl
2 EL süße Sahne
2 Eigelbe
etwas Salz
etwas weißer Pfeffer
etwas Blattpetersilie

Zubereitung:
① Die Sellerieknolle schälen, waschen und in haselnussgroße Stücke schneiden.
② Butter in einem ausreichend großen Topf zerlassen.
③ Den Schinkenspeck in feine Würfel schneiden und in der Butter anbraten.
④ Die Selleriestückchen hinzugeben und 10 bis 15 Minuten bei schwacher Hitze dünsten.

⑤ Mit der Brühe auffüllen und ca. 45 Minuten kochen lassen.
⑥ Die Suppe durch ein feines Sieb passieren.
⑦ Mehl mit Sahne verquirlen und die passierte Suppe damit binden. Abschließend mit den Eigelben legieren. Vorsicht: Die Suppe darf nicht mehr kochen, da sonst die Eigelbe gerinnen!
⑧ Mit Salz und Pfeffer abschmecken.
⑨ Die Suppe in tiefen Tellern anrichten und mit fein geschnittener Blattpetersilie bestreuen.

Kartoffelsuppe
(für 4 Personen)

Zubereitung:

① Kartoffeln mit der Schale kochen.
② Gemüsebrühe aufsetzen.
③ Zwiebeln schälen, in kleine Würfel schneiden und in einem Topf in Fett glasig dünsten.
④ Gemüsebrühe und Buttermilch hinzugeben.
⑤ Pellkartoffeln abziehen und durch die Kartoffelpresse geben.
⑥ Das Kartoffelpüree ebenfalls in die Suppe geben.
⑦ Mit den Gewürzen abschmecken.
⑧ Die Pumpernickelscheiben in Würfel schneiden und in die Suppe rühren.
⑨ Ggf. nochmals mit Salz und Pfeffer abschmecken.
⑩ Zum Servieren mit gehackter Petersilie überstreuen.

Zutaten:

1 kg mehlig kochende Kartoffeln
½ l Gemüsebrühe
2 Zwiebeln
2 EL Butter oder Margarine
½ l Buttermilch
etwas Salz
etwas Pfeffer
1 Pr. Muskatnuss
1 Pr. Zucker
1 EL Majoran
2 Scheiben Pumpernickel
1 Bd. Petersilie

Suppen und Eintöpfe

Ochsen- schwanzsuppe
(für 6–8 Personen)

Zutaten:

2 EL Öl
1 kg Ochsenschwanz
1 Stange Lauch
1 Möhre
½ Sellerieknolle
2 l Wasser
1 Lorbeerblatt
½ TL getr. Basilikum
½ TL getr. Thymian
1 Gewürznelke
etwas Salz
etwas Pfeffer

Zubereitung:

① Öl in einen Kochtopf geben und stark erhitzen.
② Ochsenschwanz in Stücke schneiden und im heißen Fett ca. 15 Minuten von allen Seiten anbraten.
③ Anschließend die Hitze reduzieren. Dabei darauf achten, dass der Bodensatz nicht anbrät.
④ Das Gemüse putzen. Den Lauch in Ringe, die Möhren in Scheiben und den Sellerie in Würfel schneiden.
⑤ Das Gemüse zum Fleisch geben und ca. 10 Minuten mitbraten.
⑥ Das Wasser nach und nach unter Rühren zugießen. Beim Rühren den Bodensatz auflösen.
⑦ Die Gewürze in ein Tee-Ei oder einen Leinenbeutel füllen und in die Suppe hängen.
⑧ Alles zusammen aufkochen.
⑨ Die Suppe ohne Deckel 4 Stunden köcheln lassen.
⑩ Nach Ende der Garzeit die Suppe durch ein Sieb geben, das Fleisch herausnehmen, von den Knochen lösen und in Würfel schneiden.
⑪ Das Fleisch in die Suppe geben und mit ihr erneut erhitzen.

Suppen und Eintöpfe

Klare Rinderkraftbrühe
(für 10–12 Personen)

Zutaten:

500 g Rindermarkknochen
3 l Wasser
500 g mageres Rindfleisch
1 Bund Suppengrün
1 Zwiebel
2–3 Pr. Salz
3 Eier
1/2 Lorbeerblatt
einige Gewürzkörner (z. B. Pfeffer, Wacholder, Piment, Nelke, Senf)
10 EL frische Erbsen
etwas Salz
etwas Dill
etwas Petersilie

Zubereitung:

1. Die Knochen unter kaltem Wasser reinigen.
2. Mit 3 l Wasser zum Kochen bringen und 75 Minuten langsam sieden lassen.
3. In der Zwischenzeit das Rindfleisch waschen, abtropfen lassen und durch den Fleischwolf geben.
4. Das Suppengrün putzen und würfeln.
5. Zwiebel pellen und ebenfalls würfeln.
6. Das Gemüse mit dem Fleisch mischen und mit Salz würzen.
7. Die Eier trennen. Das Eiweiß über die Fleisch-Gemüse-Würfelmasse geben (so bleibt die Suppe schön klar). Alles gut verkneten und Klöße daraus formen.
8. Nach der Kochzeit für die Knochen die Klöße mit in die Brühe geben und 2 bis 3 Stunden bei geringer Hitze mitkochen.
9. 1 Stunde vor Garzeitende das Lorbeerblatt und die Gewürzkörner in einem Tee-Ei oder Leinensäckchen in die Suppe hängen.
10. Etwas Brühe abnehmen und die Erbsen darin in einem separaten Topf garen.
11. Suppe mit Salz abschmecken, sobald sie eine klare, goldgelbe Farbe bekommen hat.
12. Dill und Petersilie klein hacken.
13. In jede Suppentasse ca. 2 bis 3 Esslöffel Erbsen legen, darüber die Suppe einfüllen.
14. Vor dem Servieren Dill und Petersilie überstreuen.

Pfifferlingssuppe
(für 5 Personen)

Zutaten:

375 g Pfifferlinge oder Stockschwämmchen
1 Zwiebel
40 g Butter
40 g Weizenmehl
1 l Fleischbrühe
125 g Sahne
etwas Salz
etwas Knoblauch
etwas Blattpetersilie
einige Pfifferlinge zur Garnitur

Zubereitung:

1. Die Pilze verlesen, waschen und fein schneiden.
2. Die Zwiebel in feine Würfel schneiden.

③ Butter in einem großen Topf zerlassen, Zwiebelwürfel leicht anrösten, dann die Pilze zugeben und mitrösten.
④ Das Mehl hinzugeben und ebenfalls kurz erhitzen.
⑤ Unter Rühren die Fleischbrühe aufgießen, glatt rühren und zum Kochen bringen.
⑥ Bei geringer Hitze 5 Minuten köcheln.
⑦ Die Sahne hinzugeben und nochmals aufkochen lassen.
⑧ Den Herd abschalten und die Suppe 10 Minuten ziehen lassen.
⑨ Mit Salz und Knoblauch abschmecken.
⑩ Zum Anrichten die Suppe in tiefe Teller füllen und mit fein geschnittener Petersilie und einigen Pfifferlingen bestreuen.

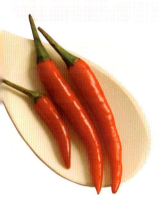

Tipp

Vorsicht beim Umgang mit der Chilischote: Anschließend gut die Hände waschen, sonst könnte es beim Augenreiben eine böse Überraschung geben.

Reiseintopf
(für 4–6 Personen)

Zubereitung:

① Lauch vom Wurzelansatz und dunkelgrünen Blattenden befreien, längs halbieren, gründlich waschen und in 1 cm breite Ringe schneiden.
② Die Karotten schaben, waschen, der Länge nach vierteln und in 4 cm lange Stücke schneiden.
③ Öl in einer Pfanne erhitzen, Lauchringe mit Hackfleisch darin anbraten, salzen, Reis mit Tomatenmark und zerriebener Chilischote unterrühren.
④ Die Karottenstücke zufügen.
⑤ Mit der Fleischbrühe angießen und 35 Minuten köcheln lassen.
⑥ Erbsen und Maiskörner untermischen und den Eintopf weitere 5 Minuten garen.
⑦ Vor dem Servieren mit fein geschnittener Petersilie bestreuen.

Zutaten:

2 Stangen Lauch
300 g Karotten
etwas Öl
250 g gemischtes Hackfleisch
etwas Salz
100 g Naturreis
1 EL Tomatenmark
1 kl. getr. Chilischote
$^{1}/_{2}$ l Fleischbrühe
250 g Erbsen
150 g Maiskörner
1 Bund Petersilie

Suppen und Eintöpfe

„Wer das Himmelreich nicht kennt, der hat umsonst gelebt", sagen die Schlesier über ihr Nationalgericht!

Schlesisches Himmelreich
(für 5 Personen)

Zubereitung:

① Das Fleisch in 1 l Wasser fast weich kochen.
② Währenddessen das Backobst in 1,5 l Wasser einweichen, nach dem Quellen zum Kochfleisch geben.
③ Fleisch nach dem Garen herausnehmen und die Brühe mit Zucker, Zimt und Salz abschmecken. Eventuell mit etwas Mehl binden und mit Butter abrunden.
④ Die Semmeln in kaltem Wasser einweichen und fest ausdrücken.
⑤ Semmelmasse in einer Schüssel mit Eiern und Salz zu einer geschmeidigen Masse verkneten.
⑥ Das Backpulver mit dem Mehl mischen, auf die Masse sieben und unterrühren.
⑦ Mit einem Löffel Klöße abstechen und in Salzwasser gar kochen.
⑧ Das gekochte Fleisch in walnussgroße Würfel schneiden und in Suppenteller geben.
⑨ Die gegarten Klöße dazulegen.
⑩ Tomaten entkernen und in kleine Würfel schneiden.
⑪ Brühe über die Fleischwürfel und Klöße geben, die Tomatenwürfel überstreuen.

Zutaten:

300 g Schweinefleisch
1 l Wasser
250 g Backobst
1,5 l Wasser zum Einweichen
30 g Zucker
etwas Zimt
etwas Salz
ggf. etwas Mehl
ggf. etwas Butter
200 g alte Semmeln
2 Eier
1 TL Salz
½ Pck. Backpulver
250 g Mehl
2 Tomaten

Suppen und Eintöpfe

Sommersuppe
(für 5 Personen)

Zubereitung:

① Gelbe Rüben, Knollensellerie, Kohlrabi und Zwiebel schälen, waschen und in feine Stückchen schneiden.
② Lauch von grünen Blattenenden und der Wurzel befreien, halbieren, waschen, ebenfalls in feine Stücke schneiden.

Zutaten:

4 gelbe Rüben
1 Knollensellerie
1 Kohlrabi
1 Zwiebel
1 Stange Lauch
1 Blumenkohl
100 g Zuckerschoten
1 Wirsingkopf
30 g Butter
etwas Sauerampfer
1 l Fleischbrühe
etwas Salz
3 Scheiben Weißbrot
etwas Butter

③ Blumenkohl, Zuckerschoten und Wirsing waschen und in feine Stücke schneiden.
④ Butter in einem großen Topf zerlassen.
⑤ Sauerampfer in feine Streifen schneiden.
⑥ Sämtliches klein geschnittenes Gemüse zur Butter geben.
⑦ Nach und nach mit der Fleischbrühe auffüllen.
⑧ Circa 10 Minuten köcheln lassen.
⑨ Zum Schluss mit Salz abschmecken.
⑩ Weißbrotscheiben in haselnussgroße Stücke schneiden und in etwas Butter rösten.
⑪ Die Suppe in tiefen Tellern anrichten und mit den gerösteten Croûtons bestreuen.

Tipp
Den Sauerampfer getrennt vom anderen Gemüse vorbereiten, weil er sonst zu sehr seinen Geschmack überträgt.

Wirsingkohl-Kartoffel-Eintopf
(für 5 Personen)

Zubereitung:

① Kartoffeln ca. 30 Minuten garen.
② Kalt abschrecken, pellen und in Scheiben schneiden.
③ Zwiebel und Knoblauch schälen und würfeln. Speck ebenfalls fein würfeln.
④ Speck in Öl auslassen, Zwiebel, die Kartoffelscheiben und Knoblauch zufügen und glasig werden lassen.
⑤ Rinderhack darin braten, mit Salz, Pfeffer und Paprika würzen.
⑥ Den Chinakohl in 1 cm breite Streifen schneiden und zum Hackfleisch geben.
⑦ Die Brühe angießen und den Eintopf etwa 20 Minuten köcheln lassen.
⑧ Die Tomate häuten, in große Würfel schneiden, die Kräuter in Streifen schneiden.
⑨ Tomate und Kräuter zusammen dem Eintopf zufügen.
⑩ Vor dem Servieren jede Portion mit 1 Esslöffel saurer Sahne garnieren.

Zutaten:

750 g Kartoffeln
1 Zwiebel
2 Knoblauchzehen
100 g durchwachsener Speck
2 EL Keimöl
300 g Rinderhackfleisch
etwas Salz
etwas schwarzer Pfeffer
1 EL Paprikapulver (edelsüß)
400 g Chinakohl
¼ l Fleischbrühe
1 gr. Fleischtomate
3 Zweige Borretsch
3 Zweige Liebstöckel
5 EL saure Sahne

Herzhafte Kleinigkeiten

Die Vollendung setzt sich aus Kleinigkeiten zusammen.

Dampfnudeln mit Backobst
(für 4 Personen)

Zutaten:

500 g Mehl
50 g Zucker
30 g Hefe
¼ l Milch
1 Ei
50 g Butter
abger. Schale von 1 Zitrone
1 Pr. Salz

Für die Brühe:
¼ l Milch
40 g Butter
50 g Zucker
1 Pr. Salz
300 g Speck
Backobst

Zubereitung:

① Mehl in eine Schüssel sieben und in die Mitte eine Vertiefung drücken.
② Am Rand entlang den Zucker einstreuen.
③ In die Mulde die Hefe bröseln.
④ Die Milch erwärmen, einen Teil zur Hefe gießen und mit ihr verrühren.
⑤ Den Vorteig 15 Minuten an einem warmen Ort gehen lassen, bis er sein Volumen verdoppelt hat.
⑥ Inzwischen das Ei mit der restlichen Milch verquirlen.
⑦ Nach der Ruhezeit die Ei-Milch-Masse zur Hefe geben.
⑧ Die Butter in Stücken auf den Mehlrand setzen, Zitrone und Salz zugeben.
⑨ Nun die gesamten Zutaten der Schüssel zu einem glatten Teig verkneten.
⑩ Den Hefeteig auf einer bemehlten Arbeitsfläche so lange schlagen und kneten, bis er Blasen wirft. Dann den Teig zu einer Rolle formen und in 14 gleiche Teile schneiden.
⑪ Aus den Teilen glatte Ballen formen und auf ein bemehltes Backblech legen.
⑫ Mit einem Tuch abdecken und noch einmal 30 Minuten an einem warmen Ort ruhen lassen.
⑬ Für die Brühe die Milch mit der Hälfte der Butter, Zucker und Salz in einen breiten Kochtopf geben und zum Kochen bringen.
⑭ Die Teigbällchen hineinschichten und bei fest verschlossenem (!) Deckel bei schwacher Hitze 30 Minuten dünsten.
⑮ Für die Füllung den Speck klein würfeln.
⑯ Restliche Butter in einer Pfanne zerlassen und den Speck kross anbraten.
⑰ Backobst in Wasser oder Rum einlegen und dünsten.
⑱ Nach Ende der Garzeit die Dampfnudeln aus dem Kochtopf nehmen und am besten mit zwei Gabeln auseinanderreißen.
⑲ Die gerösteten Speckstücke auf die Nudeln geben.
⑳ Dazu das gedünstete Backobst reichen.

Herzhafte Kleinigkeiten

Tipp

Eine Vanillesoße rundet die gefüllten Buchteln ab.

Gefüllte Buchteln
(für 4-6 Personen)

Zutaten:

350 g Mehl
25 g Hefe
$1/8$ l lauwarme Milch
50 g Zucker
abger. Schale von 1 Zitrone
1 Ei
1 Pr. Salz
125 g Kirschgelee
etwas Butter

Zubereitung:

1. Das Mehl in eine Schüssel geben und eine Vertiefung in die Mitte drücken.
2. In die Mulde die Hefe bröseln.
3. Die Hälfte der Milch mit etwas Zucker zur Hefe geben und die Zutaten miteinander verrühren.
4. Den Teig mit einem Tuch abdecken und 15 Minuten an einem warmen Ort gehen lassen.
5. Die restliche Milch und den restlichen Zucker sowie Zitrone, Ei und Salz ebenfalls hinzufügen, alles zu einem glatten Hefeteig verkneten und noch einmal zugedeckt 30 Minuten ruhen lassen.
6. Den Teig auf einer bemehlten Arbeitsfläche zu einer kleinen kompakten Rolle formen.
7. Die Rolle in 8 gleich große Scheiben teilen und auf die Mitte jeder Scheibe einen Teelöffel Kirschgelee geben.
8. Aus jeder Teigscheibe einen Kloß mit dem Gelee in der Mitte formen.
9. Eine Auflaufform mit Butter einfetten, die Klöße dicht nebeneinander in die Form setzen und zugedeckt nochmals 15 Minuten an einem warmen Ort ruhen lassen.
10. Die Buchteln im Backofen bei 200 Grad 30 Minuten backen.
11. Warm mit Puderzucker bestäuben und servieren.

Herzhafte Kleinigkeiten

Apfelkraut

Zutaten:

1 l gemischter Saft aus reifen Äpfeln und Birnen

Zubereitung:

1. Saft schnell zum Kochen bringen.
2. Gelegentlich umrühren.
3. So lange stark kochen, bis der Saft zu einem dicklichen Sirup eingekocht ist.
4. In Gläser abfüllen und gut verschließen.

Zutaten:

1 altes Brötchen
etwas Milch
etwas Öl
2 Eier
etwas Salz
etwas Muskatnuss
etwas Pfeffer

Armer Ritter
(für 1 Person)

Zubereitung:

1. Das Brötchen aufschneiden.
2. Beide Hälften in Milch einweichen, anschließend ausdrücken.
3. Öl in der Pfanne erhitzen.
4. Die eingeweichten Brötchenhälften im Öl von beiden Seiten rösten.
5. Die Eier mit der Einweichmilch verquirlen.
6. Mit Salz, Muskat und Pfeffer abschmecken.
7. Die Eiermasse über die Brötchen in die Pfanne geben.
8. Wie einen Eierkuchen von beiden Seiten backen.

Buchweizen-pfannkuchen
(für 4 Personen)

Tipp

Die Buchweizenpfannkuchen schmecken mit Waldbeeren ebenso lecker wie herzhaft mit Bratkartoffeln und Speck.

Zutaten:

6 Eier
$^1/_8$ l Buttermilch
$^1/_8$ l Milch
$^1/_8$ l gekochter Kaffee
250 g Buchweizenmehl
1 TL Salz
Butterschmalz zum Braten
12 Speckscheiben

Zubereitung:

1. Eier mit Buttermilch und Milch verquirlen.
2. Den Kaffee unterrühren.
3. Das Buchweizenmehl zugeben und vermischen, mit Salz würzen.
4. Den Teig 3 bis 4 Stunden quellen lassen.
5. Butterschmalz in der Pfanne erhitzen.
6. Pro Pfannkuchen 3 Scheiben Speck ausbraten und wieder entfernen.
7. Jeweils eine große Kelle Teig in die Pfanne geben.
8. Die Pfannkuchen ca. 2 Minuten von jeder Seite braten.

Lauchkuchen mit Hefeteig
(für 4-6 Personen)

Zutaten:

Für den Hefeteig:
20 g Hefe
etwas Zucker
150 ml lauwarme Milch
300 g Mehl
180 g Butter
1 Ei
etwas Salz

Für die Füllung:
300 g Lauch
2 Zwiebeln
250 g geräucherter Speck
etwas Öl
250 g Sahne
4 Eier
Salz
schwarzer Pfeffer
Paprika (edelsüß)
ger. Muskatnuss
100 g ger. Emmentaler

Zubereitung:

1. Hefe und Zucker in die lauwarme Milch geben.
2. Das Mehl einstreuen und gut verrühren.
3. Zugedeckt 5 bis 10 Minuten an einem warmen Ort gehen lassen.
4. Butter, Ei und Salz zugeben, verkneten und den Teig noch einmal 30 Minuten gehen lassen.
5. Für die Füllung den Lauch putzen, waschen und in Ringe schneiden, die Zwiebeln schälen und in Ringe schneiden, den Speck in Würfel schneiden.
6. Öl in einer Pfanne erhitzen.
7. Den größten Teil der Speckwürfel ins heiße Öl geben und bräunen.
8. Lauch und Zwiebeln dazugeben und dünsten.
9. Sahne, Eier, Gewürze und Emmentaler mischen.
10. Die Speck-Zwiebel-Lauch-Masse in die Sahnemischung geben und alles verrühren.
11. Den Hefeteig ausrollen, in eine Backform legen und einen Rand hochziehen.
12. Die Füllung auf den Teig geben und gleichmäßig verteilen.
13. Die restlichen Speckwürfel darüberstreuen.
14. Den Speckkuchen 30 Minuten im Backofen backen und heiß servieren.

Herzhafte Kleinigkeiten

Maultaschen
(für 12 Maultaschen)

Zubereitung:

1. Für den Teig Eier, Essig, Salz und Wasser schaumig rühren.
2. Das Mehl unterheben, den Teig verkneten und 30 Minuten zugedeckt stehen lassen.
3. Für die Füllung Zwiebel schälen und in feine Würfel schneiden.
4. Die Butter erhitzen und die Zwiebelwürfel darin rösten.
5. Die Brötchen in Wasser einweichen, anschließend ausdrücken.
6. Die Würstchen in feine Würfel schneiden, ggf. den Spinat in kleine Stücke schneiden.
7. Alles in eine Schüssel geben und mit Hackfleisch und Eiern mischen.
8. Mit der Petersilie und den Gewürzen abschmecken.
9. Den Teig auf einer bemehlten Arbeitsplatte sehr dünn ausrollen. 12 Quadrate à 15 cm Seitenlänge ausschneiden.
10. Die Füllung auf die Quadrate verteilen, die Ränder mit Wasser bestreichen.
11. Jedes Quadrat zu einem Dreieck falten und die Ränder mit einer Gabel fest zusammendrücken.
12. Die Fleischbrühe erhitzen und die Maultaschen ca. 10 Minuten darin garen.
13. Die fertigen Maultaschen in tiefe Suppenteller geben, mit Brühe übergießen und warm servieren.

Zutaten:

3 Eier
1 TL Weinessig
etwas Salz
3 EL Wasser
350 g Mehl

Für die Füllung:
1 Zwiebel
50 g Butter
2 harte Brötchen
1 Paar Landjäger
ggf. 50 g Spinat
300 g Schweinehackfleisch
3 Eier
gehackte Petersilie
Salz
schwarzer Pfeffer
Muskatnuss
1,5 l Fleischbrühe

Tipp

Maultaschen schmecken auch in Schmalz gebraten und mit gerösteten Zwiebeln köstlich. Eine Scheibe Schwarz- oder Vollkornbrot mit Griebenschmalz passt dazu sehr gut.

Herzhafte Kleinigkeiten

Zwiebelkuchen
(für 6–8 Personen)

Zubereitung:

1. Wasser, Mehl, Hefe, Öl und Salz zu einem glatten Teig verkneten und auf einer bemehlten Arbeitsfläche durcharbeiten.
2. Teigklumpen zugedeckt an einem warmen Ort ruhen lassen, bis er sein Volumen verdoppelt hat.
3. Für den Belag Zwiebeln schälen und in dünne Ringe schneiden.
4. Die Zwiebeln in zwei Pfannen im Schmalz bei mittlerer Hitze 10 Minuten dünsten.
5. Mit Salz, Pfeffer und Majoran würzen.
6. Den Knetteig erneut durchkneten, auf einer bemehlten Arbeitsfläche ausrollen und in eine Form oder auf ein Backblech legen. Den Rand hochziehen.
7. Die Zwiebeln auf dem Teig verteilen.
8. Die Crème fraîche mit den Eiern verrühren und über die Zwiebeln gießen.
9. Den Speck in Würfel schneiden und über den Kuchen verteilen.
10. Die Sonnenblumenkerne überstreuen.
11. Den Zwiebelkuchen auf der mittleren Schiene im Ofen bei 160 Grad 30 Minuten backen.

Zutaten:

150 ml warmes Wasser
350 g Mehl
30 g Hefe
75 ml Öl
1 TL Salz
etwas Öl zum Einfetten

Für den Belag:
1,5 kg Gemüsezwiebeln
4 EL Butterschmalz
etwas Salz
etwas frischer Pfeffer
$^1/_2$ TL getr. Majoranblättchen
300 g Crème fraîche
3 Eier
200 g durchwachsener Speck
30 g Sonnenblumenkerne

Herzhafte Kleinigkeiten

Strammer Max
(für 1 Toast)

Zutaten:

1 Toast
etwas Öl
1 Ei
1 Scheibe gekochter Schinken

Zubereitung:

1. Den Toast rösten.
2. Das Öl in der Pfanne erhitzen.
3. Das Ei zum Spiegelei braten.
4. Die Schinkenscheibe auf den Toast legen.
5. Das Spiegelei auf den Schinkentoast geben.

Obatzter/Obatzda

Zutaten:

200 g reifer Camembert
100 g Butter
1 Zwiebel
Kümmel
Salz
weißer Pfeffer
scharfes oder edelsüßes Paprikapulver
1 EL Schnittlauchröllchen

Zubereitung:

① Käse und Butter rund 2 Stunden vor der Zubereitung aus dem Kühlschrank nehmen.
② Den Camembert in kleine Würfel schneiden, die Butter in Flocken dazugeben und mit einer Gabel vermischen.
③ Die Zwiebel in feine Würfel schneiden.
④ Den Kümmel hacken.
⑤ Kümmel und Zwiebel unter die Käsemasse rühren.
⑥ Die Masse mit Salz, Pfeffer und Paprika würzen.
⑦ Den Schnittlauch über den Obatzda streuen.

Quarkkeulchen
(für 4–6 Personen)

Zutaten:

500 g mehlig kochende Kartoffeln
250 g Quark
75 g Rosinen
2 Eier
50 g Mehl
75 g Zucker
1 Prise Salz
abger. Schale v. 1 Zitrone
100 g Margarine
60 g Zucker
1 TL Zimt

Zubereitung:

① Pellkartoffeln kochen, pellen, durch eine Kartoffelpresse geben und auskühlen lassen.
② Das Kartoffelpüree mit Quark, Rosinen, Eiern, Mehl, Zucker, Salz und Zitronenschale vermischen.
③ Aus dem Teig große ovale Plätzchen formen.
④ Die Margarine in einer Pfanne erhitzen und die Plätzchen nacheinander im Fett von beiden Seiten knusprig braun braten.
⑤ Die fertig ausgebackenen Keulchen warm stellen.
⑥ Vor dem Servieren mit Zucker und Zimt bestreuen.

Fisch-gerichte

Der Fisch will dreimal schwimmen: im Wasser, im Schmalz und im Wein.

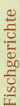
Fischgerichte

Karpfen in polnischer Soße
(für 6 Personen)

Zubereitung:

1. Gemüse klein schneiden und mit den Gewürzen in einen Topf geben.
2. Bier, etwas Wasser und etwas Essig hinzugießen und alles 30 Minuten kochen lassen.
3. Den Karpfen hinzugeben und Salz überstreuen.
4. Butter, Zitronenscheiben und restlichen Essig zufügen.
5. Den Karpfen zugedeckt ziehen lassen, bis er weich ist.
6. Den Karpfen aus der Brühe nehmen.
7. Weißbrot und Rotwein an die Brühe geben.
8. Den Fond durch ein Sieb rühren und teils über den Karpfen geben, teils zu ihm reichen.
9. Den Fisch mit einer Zitronenscheibe und einem Blatt Salat garnieren.

Zutaten:

3 Möhren
2 Petersilienwurzeln
3 Zwiebeln
½ Sellerieknolle
einige Nelken
einige Pfefferkörner
2 Lorbeerblätter
etwas Bier
etwas Wasser
etwas Essig
1,5 kg Karpfen
Salz
100 g Butter
1 Zitrone in Scheiben
etwas Weißbrot
150 ml Rotwein

Zum Garnieren:
1 Zitrone in Scheiben
einige Salatblätter

Fischgerichte

Omas Heringssalat
(für 4 Personen)

Zubereitung:

1. Heringe einen Tag in Milch einlegen.
2. Heringe, Gemüse, Kalbfleisch, Äpfel, Eier und Kapern in ganz kleine, gleichmäßige Quadrate schneiden.
3. Die gekochten Eigelbe klein hacken.
4. Eigelbe langsam mit dem Öl und dem Senf glatt rühren.
5. Mit Salz, Pfeffer, Brühe und Essig pikant abschmecken.
6. Die Soße und die geschnittenen Zutaten vermischen.
7. Den Heringssalat mindestens 12 Stunden ziehen lassen.

Zutaten:

5 Salzheringe
Milch
5 mittelgr. Gewürzgurken
2 mittelgr. Zwiebeln
½ Glas Rote Bete
1 gekochte Sellerieknolle
250 g gekochtes Kalbfleisch
5 Äpfel
5 hart gekochte Eier
2 EL Kapern
3 hart gekochte Eigelbe
125 ml Öl
1 EL Senf
Salz
Pfeffer
gekörnte Brühe
Essig

Fischgerichte

Der Heringssalat ist ein klassisches Faschingsgericht und wird in vielen Variationen zubereitet. Er schmeckt aber natürlich rund ums Jahr lecker!

Forelle mit Pinienkernen
(für 4 Personen)

Zutaten:

400 g Champignons
etwas Salz
etwas Pfeffer
1 Knoblauchzehe
4 Regenbogenforellen à 400 g
etwas Mehl
100 g Margarine
100 g Frühlingszwiebeln
100 g Weißbrot
50 g Butter
50 g Pinienkerne
100 ml trockener Weißwein

Zubereitung:

1. Champignons putzen, in feine Scheiben schneiden und zugedeckt im eigenen Saft kurz dünsten.
2. Mit Salz, Pfeffer und dem gepressten Knoblauch würzen und durchrühren.
3. In eine ofenfeste Form füllen.
4. Den Ofen auf 200 Grad vorheizen.
5. Die Forellen ausnehmen, kurz unter fließendem Wasser waschen, abtrocknen, salzen und mit Mehl bestäuben.
6. Die Margarine in einer Pfanne heiß, aber nicht zu dunkel werden lassen.
7. Die Forellen von jeder Seite 2 Minuten braten, herausnehmen und nebeneinander auf die Champignons legen.
8. Die Frühlingszwiebeln putzen, waschen und mit einem Teil des Grüns in feine Ringe schneiden.
9. Das Weißbrot von der Rinde befreien und in kleine Würfel schneiden.
10. Die Butter in einer weiteren Pfanne schmelzen.
11. Frühlingszwiebeln, Brotwürfel und Pinienkerne eine Minute in der Butter ziehen lassen, dabei etwas würzen.
12. Anschließend über den Forellen verteilen.
13. Mit Weißwein beträufeln und alles im Ofen auf der mittleren Einschubleiste 15 Minuten bei 200 Grad backen.

Fischgerichte

Anisgebeizter Lachs
(für ca. 20 Personen)

Zutaten:
1 Lachsseite (ca. 1 kg)
100 g Sternanis
15 g Kümmel
10 g Thymian
10 g Lorbeer
10 g Fenchelsaat
10 g weiße Pfefferkörner
80 g brauner Rohrzucker
100 g Salz

Zubereitung:
① Alle Zutaten bis auf den Lachs in einer Küchenmaschine zerkleinern und so lange mixen, bis feines Mehl vorliegt.
② Die Lachsseite mit 100 g des Gewürzmehles bestreuen.
③ Den Lachs 48 Stunden ziehen lassen.
④ Anschließend den Lachs in fingerdicke Scheiben schneiden.
⑤ Die Lachsscheiben in einer heißen Pfanne nur 5 Sekunden von jeder Seite anbraten.

Backfisch
(für 6 Personen)

Zutaten:
800 g Fischfilet (Rotbarsch oder Seelachs)
3 EL Zitronensaft
2 Eier
2 EL Mehl
etwas Salz
etwas weißer Pfeffer
4 EL Öl

Zubereitung:
① Den Fisch unter fließendem Wasser reinigen. Anschließend mit Zitronensaft beträufeln.
② Eier, Mehl, Salz und Pfeffer verquirlen.
③ Das Öl in einer beschichteten Pfanne erhitzen.
④ Die Filets durch die Eiermasse ziehen.
⑤ Im Öl von jeder Seite 4 bis 5 Minuten braten.

Ursprünglich stammt der Ausdruck „Backfisch" wohl aus dem Englischen und bezeichnet Fische, die man aufgrund ihrer Größe nach dem Fang direkt wieder zurück („back") ins Wasser wirft.
Zu Großmutters Zeiten wurden auch halbwüchsige Mädchen, die noch nicht im heiratsfähigen Alter waren, scherzhaft und leicht abschätzig als „Backfisch" tituliert.

Soßen und Tunken

An der guten Soße erkennt man die gute Köchin – die Soße ist für die Küche, was die Grammatik für die Sprache und die Tonleiter für die Musik!

Dunkle bzw. Braune Soße

Zutaten:

30 g Bratenfett
50 g Mehl
½ l Brühe oder Bratenfond

Zubereitung:

1. Fett erhitzen.
2. Bei ca. 95 Grad das Mehl zum Fett geben und 5 bis 10 Minuten unter ständigem Rühren hell- bis dunkelbraun anschwitzen.
3. Die Brühe zur Mehlschwitze geben und weiterrühren.
4. Alles aufkochen, dann die Hitze reduzieren.
5. Zur Geschmacksbildung die Soße 10 Minuten leicht köcheln lassen.

Helle Soße

Zutaten:

½ l Fleischbrühe
45 g Butter oder Margarine
45 g Mehl

Zubereitung:

1. Die Brühe erwärmen.
2. Das Fett separat erhitzen.
3. Bei ca. 95 Grad das Mehl zum Fett geben und ca. 10 Minuten unter ständigem Rühren hell anschwitzen.
4. Die Brühe zur Mehlschwitze geben und ständig weiterrühren.
5. Alles aufkochen.
6. Zur Geschmacksbildung die Soße noch 5 Minuten leicht köcheln lassen.

Cocktailsoße

Zutaten:

3 EL Mayonnaise
1 EL Tomatenketchup
1 Spritzer Zitronensaft
1 Spritzer Cognac
1 Msp. Meerrettich

Zubereitung:

1. Alle Zutaten in eine Schüssel geben.
2. Mit einem Schneebesen glatt rühren.

Currysoße

Zubereitung:

1. Die Butter im Topf schmelzen.
2. Das Mehl zugeben und anschwitzen lassen.
3. Die Milch zugeben und gut verrühren.
4. Mit der Brühe auffüllen.
5. Mit Salz und Pfeffer abschmecken.
6. Alles gut durchkochen lassen.
7. Curry je nach gewünschter Schärfe zugeben.

Zutaten:

30 g Butter
40 g Mehl
250 ml Milch
250 ml Gemüsebrühe
etwas Salz
etwas Pfeffer
etwas Curry

> Soßen werden am besten dadurch entfettet, indem man ein Küchenkrepppapier oben auf die Soße legt und gleich darauf wieder entfernt.

Holländische Soße

Zubereitung:

1. Die Eier trennen und nur die Eidotter verwenden.
2. Eigelbe und alle übrigen Zutaten bis auf die Butter vermischen.
3. Die Butter in Stücke schneiden und zugeben.
4. Alles bei mäßiger Hitze erwärmen.
5. Unter langsamem, aber stetigem Schlagen vermischen.
6. Wenn alle Zutaten zu einer einheitlichen Soße verrührt sind, die Soße weiterschlagen, bis sie eindickt.
7. Die entstandene Creme mit Zitronensaft, Pfeffer und Salz abschmecken.

Zutaten:

3 Eier
1 EL Zitronensaft
1 Pr. Cayennepfeffer
etwas Salz
etwas Pfeffer
225 g Butter

Soßen und Tunken

Jägersoße

Zutaten:

30 g Bratenfett
50 g Mehl
¼ l Bratenfond
⅛ l Fleischbrühe
⅛ l Rotwein
Tomatenmark
1 EL Butter oder Margarine
1 Aprikose
etwas Thymian
einige dünne Scheiben Rindermark

Zubereitung:

① Fett erhitzen.
② Bei ca. 95 Grad das Mehl zum Fett geben und 5 bis 10 Minuten unter ständigem Rühren hell- bis dunkelbraun anschwitzen.
③ Den Fond und die Brühe zur Mehlschwitze geben und weiterrühren.
④ Alles aufkochen, dann die Hitze reduzieren.
⑤ Den Rotwein und das Tomatenmark zugeben.
⑥ Butter oder Margarine hinzufügen.
⑦ Aprikose klein schneiden und zugeben.
⑧ Zur Geschmacksbildung die Soße noch 10 Minuten leicht köcheln lassen.
⑨ Thymian und Rindermark in die Soße rühren.

Kräutersoße

Zubereitung:

① Die Brühe erwärmen.
② Das Fett separat erhitzen.
③ Bei ca. 95 Grad das Mehl zum Fett geben und nur kurz unter ständigem Rühren hell anschwitzen.
④ Die Brühe zur Mehlschwitze geben und ständig weiterrühren.
⑤ Alles aufkochen, dann die Hitze reduzieren.
⑥ Das Ei mit der Sahne und den Kräutern verquirlen und zur Brühe geben.
⑦ Zur Geschmacksbildung die Soße noch 5 Minuten leicht köcheln lassen.
⑧ Mit Salz abschmecken.

Zutaten:

½ l Fleischbrühe
45 g Butter oder Margarine
45 g Mehl
1 Ei
ggf. etwas Sahne
2 EL Kräuter (z. B. Basilikum, Dill, Estragon, Kerbel, Petersilie)
etwas Salz

Mayonnaise

Zutaten:

3 Eier
1 TL Senf
etwas Salz
1/8 l Pflanzen- oder Olivenöl
2 EL Zitronensaft

Zubereitung:

① Ein Ei hart kochen und das Eigelb mit einer Gabel zerdrücken.
② Zwei flüssige Eigelbe, Senf und Salz dazugeben und verrühren.
③ Das Öl unter ständigem Rühren langsam zufügen.
④ Zum Schluss den Zitronensaft einrühren.

Achtung: Mayonnaise nur kurz kalt stellen und frisch verbrauchen!

Meerrettichsoße

Zutaten:

1/2 l Milch
45 g Butter oder Margarine
1 Eigelb
2 EL Sahne
etwas Meerrettich
etwas Salz

Zubereitung:

① Die Milch erwärmen.
② Das Fett separat erhitzen.
③ Bei ca. 95 Grad das Mehl zum Fett geben und ca. 10 Minuten unter ständigem Rühren hell anschwitzen.
④ Die Milch zur Mehlschwitze geben und ständig weiterrühren.
⑤ Alles aufkochen, dann die Hitze reduzieren.
⑥ Das Eigelb mit der Sahne und dem Meerrettich verquirlen und dazugeben.
⑦ Zur Geschmacksbildung die Soße noch 5 Minuten leicht köcheln lassen.
⑧ Mit Salz abschmecken.

Pfeffersoße

Zutaten:

30 g Bratenfett
50 g Mehl
1/4 l Bratenfond
1/4 l Gemüsebrühe
1 EL geschrotete Pfefferkörner
1 Lorbeerblatt
4 EL Sahne

Zubereitung:

① Fett erhitzen.
② Bei ca. 95 Grad das Mehl zum Fett geben und 5 bis 10 Minuten unter ständigem Rühren hell- bis dunkelbraun anschwitzen.
③ Den Fond und die Brühe zur Mehlschwitze geben und weiterrühren.
④ Alles aufkochen, dann die Hitze reduzieren.
⑤ Gewürze und Sahne unterrühren.
⑥ Zur Geschmacksbildung die Soße 10 Minuten leicht köcheln lassen.

Soßen und Tunken

Paprikasoße

Zutaten:

30 g Bratenfett
50 g Mehl
½ l Bratenfond
½ l Tomatensaft
1 Zwiebel
1 EL Speck
1 Tomate
etwas Oregano
1 TL Knoblauchpulver
1 EL Paprika (edelsüß)
2 EL saure Sahne

Zubereitung:

1. Fett erhitzen.
2. Bei ca. 95 Grad das Mehl zum Fett geben und 5 bis 10 Minuten unter ständigem Rühren hell- bis dunkelbraun anschwitzen.
3. Den Fond und den Tomatensaft zur Mehlschwitze geben und weiterrühren.
4. Alles aufkochen, dann die Hitze reduzieren.
5. Zwiebel schälen und hacken.
6. Speck in feine Würfel schneiden.
7. Tomate häuten und in Würfel schneiden.
8. Zwiebel-, Speck- und Tomatenstücke in die Soße geben.
9. Zur Geschmacksbildung die Soße noch 10 Minuten leicht köcheln lassen, zum Schluss mit den Gewürzen und der sauren Sahne abschmecken.

Rahmsoße

Zutaten:

30 g Bratenfett
50 g Mehl
¼ l Bratenfond
250 g Sahne
etwas Estragon
etwas Pfeffer
1 TL Petersilie

Zubereitung:

1. Fett erhitzen.
2. Bei ca. 95 Grad das Mehl zum Fett geben und 5 bis 10 Minuten unter ständigem Rühren hell- bis dunkelbraun anschwitzen.
3. Den Fond zur Mehlschwitze geben und weiterrühren.
4. Alles aufkochen, dann die Hitze reduzieren.
5. Sahne und Gewürze einrühren.
6. Zur Geschmacksbildung die Soße noch 10 Minuten leicht köcheln lassen.
7. Petersilie hacken und überstreuen.

Béchamelsoße

Zutaten:

½ l Milch
45 g Butter oder Margarine
45 g Mehl
1 Eigelb
etwas Muskat
etwas Salz

Zubereitung:

1. Die Milch erwärmen.
2. Das Fett separat erhitzen.

③ Bei ca. 95 Grad das Mehl zum Fett geben und nur kurz unter ständigem Rühren hell anschwitzen.
④ Dann auch die Milch zur Mehlschwitze geben und ständig weiterrühren.
⑤ Alles aufkochen, dann die Hitze reduzieren.
⑥ Das Eigelb mit dem Muskat verquirlen und ebenfalls zugeben. Abschließend zur Geschmacksbildung noch 5 Minuten leicht köcheln lassen.
⑦ Mit Salz abschmecken.

Senfsoße

Zubereitung:

① Die Milch erwärmen.
② Das Fett separat erhitzen.
③ Bei ca. 95 Grad das Mehl zum Fett geben und ca. 10 Minuten unter ständigem Rühren hell anschwitzen.
④ Die Milch zur Mehlschwitze geben und ständig weiterrühren.
⑤ Alles aufkochen, dann die Hitze reduzieren.
⑥ Das Eigelb mit der Sahne, dem Senf und dem Curry verquirlen und ebenfalls zugeben.
⑦ Zur Geschmacksbildung die Soße noch 5 Minuten leicht köcheln lassen.
⑧ Mit Salz abschmecken.

Zutaten:

½ l Milch
45 g Butter oder Margarine
45 g Mehl
1 Eigelb
2 EL Sahne
etwas Senf
etwas Curry
etwas Salz

Tomatensoße

Zubereitung:

① Tomaten häuten, entkernen und in feine Würfel hacken.
② Butter in einem Topf zerlassen.
③ Die Tomatenwürfel unter ständigem Rühren bei geringer Hitze zur Butter geben.
④ Alles ca. 5 Minuten köcheln lassen.
⑤ Den Zucker einrühren.
⑥ Die Tomaten mit gekipptem Deckel 30 Minuten köcheln lassen.
⑦ Zwischendurch umrühren.
⑧ Wenn aus den Tomaten eine sämige Soße entstanden ist, mit Salz und Pfeffer abschmecken.

Zutaten:

900 g Tomaten
30 g Butter
½ TL Zucker
etwas Salz
etwas Pfeffer

Soßen und Tunken

Champignonsoße

Zutaten:

2 Zwiebeln
100 g Champignons
30 g Bratfett
50 g Mehl
¼ l Bratenfond
⅛ l Weißwein
⅛ l Tomatensaft
1 EL Petersilie

Zubereitung:

① Zwiebeln schälen und hacken, Champignons waschen und hacken.
② Fett erhitzen.
③ Bei ca. 95 Grad das Mehl zum Fett geben und 5 bis 10 Minuten unter ständigem Rühren hell- bis dunkelbraun anschwitzen.
④ Den Bratenfond zur Mehlschwitze geben und weiterrühren.
⑤ Alles aufkochen, dann die Hitze reduzieren.
⑥ Wein und Tomatensaft zugeben.
⑦ Zwiebeln und Champignons zugeben.
⑧ Die Soße zur Geschmacksbildung noch 10 Minuten leicht köcheln lassen.
⑨ Petersilie hacken und über die Soße streuen.

Remouladensoße

Zutaten:

3 Eier
12 Cornichons
3 TL Kapern
9 Perlzwiebeln
6 Sardellenfilets
6 EL Mayonnaise
etwas Salz
etwas Pfeffer

Zubereitung:

① Eier hart kochen und nur das Eiweiß für den späteren Gebrauch fein würfeln.
② Cornichons, Kapern und Perlzwiebeln klein hacken.
③ Sardellenfilets klein schneiden.
④ Alle Zutaten vermischen.
⑤ Mit Salz und Pfeffer abschmecken.

Vinaigrette

Zutaten:

3 EL Weinessig oder Zitronensaft
etwas Salz
etwas Pfeffer
150 ml Pflanzenöl
ggf. Kräuter

Zubereitung:

① Essig bzw. Zitronensaft mit Salz und Pfeffer verrühren.
② Wenn sich das Salz aufgelöst hat, das Öl nach und nach zufügen.
③ Ggf. Kräuter hacken und zufügen.
④ Zum Schluss mit Salz und Pfeffer abschmecken.

Fleischgerichte

Trachte nicht, satt zu sein. In kleinen Mengen schmeckt's am besten.

Himmel und Erde
(für 4 Personen)

Zubereitung:

1. Kartoffeln waschen, schälen und kochen.
2. Kartoffeln abgießen und mit einem Schuss Milch zu Kartoffelpüree stampfen.
3. Die Äpfel schälen, vom Kerngehäuse befreien und in kleine Stücke schneiden.
4. Die Apfelstücke mit dem Wasser zu einem groben Kompott verkochen.
5. Den Kompott zu den Stampfkartoffeln geben und verrühren.
6. Die Apfel-Kartoffel-Masse aufkochen.
7. Mit Salz und Zucker abschmecken.
8. Vom Herd nehmen und warm stellen.
9. Den Speck in Würfel schneiden.
10. Die Hälfte der Margarine in einer Pfanne erhitzen und die Speckwürfel braun anbraten.
11. Die gerösteten Speckwürfel über den Kartoffel-Apfel-Brei geben.
12. Die Blutwurst in fingerdicke Scheiben schneiden und in einer heißen Pfanne in der restlichen Margarine von beiden Seiten kross anbraten.
13. Die Wurstscheiben auf dem Brei und den Speckwürfeln verteilen und servieren.

Zutaten:

1 kg vorw. festkochende Kartoffeln
etwas Milch
1 kg saure Äpfel (z. B. Boskop)
375 ml Wasser
etwas Salz
etwas Zucker
150 g Speck
4 EL Margarine
500 g Blutwurst

Fleischgerichte

Zutaten:

1 Brötchen
2 Zwiebeln
500 g gemischtes Hackfleisch
1 Ei
1 TL Senf
etwas Salz
etwas Pfeffer
etwas Paprika (edelsüß)
Pflanzenfett zum Braten

Frikadellen
(für 4-6 Personen)

Zubereitung:

① Das Brötchen in kaltem Wasser einweichen.
② Die Zwiebeln pellen und in feine Würfel schneiden.
③ Das Hackfleisch mit dem gut ausgedrückten Brötchen, den Zwiebelwürfeln, dem Ei und den Gewürzen gut vermengen.
④ Aus der Masse mit nassen Händen runde Klöße formen und etwas flach drücken.
⑤ Pflanzenfett in einer Pfanne erhitzen und die Frikadellen darin 5 Minuten von jeder Seite braten.

Frikadellen, auch als Hackklöße, Buletten oder Klopse bezeichnet, lassen sich hervorragend mit Schafskäse, Schinken oder Champignons füllen. Gefüllte Frikadellen fallen nicht auseinander, wenn die Füllung vollständig und gut mit Hack umschlossen wird.

Zutaten:

2 gr. Zwiebeln
1 EL Öl
1 EL Butter
500 g Rinderhack
1 Stange Lauch
50 g Tomatenpüree
$^1/_8$ l Brühe
1 EL Senf
1 TL Paprika
1 TL Salz
250 g saure Sahne

Hackfleischtopf
(für 5-6 Personen)

Zubereitung:

① Zwiebeln hacken und in Öl und Butter im Bratentopf dünsten.
② Hitze erhöhen, das Hack in den Topf geben und unter Rühren braun anbraten.
③ Den Lauch putzen und in Streifen schneiden.
④ Bei schwacher Hitze Lauchstreifen, Tomatenpüree, Brühe, Senf und Gewürze zugeben.
⑤ Etwa 15 Minuten bei schwacher Hitze dünsten, dabei häufig umrühren.
⑥ Kurz vor dem Servieren die saure Sahne übergießen.

Jungschweinschinken
(für 10 Personen)

Zubereitung:

1. Den Schinken entschwarten
2. Die Zwiebeln in Ringe schneiden.
3. Aus dem Rotwein, dem Essig, den Gewürzen und den Zwiebelringen eine Beize herstellen und kochen.
4. Den Schinken mit der aufgekochten, heißen Wein-Essig-Gewürzlösung übergießen und einige Tage darin liegen lassen.
5. Täglich wenden und immer wieder neu übergießen.
6. Nach einigen Tagen herausnehmen und mit Salz einreiben.
7. Die Butter leicht erhitzen und den Schinken von allen Seiten gut anbraten.
8. Mit Wasser und der Beize aufgießen und ca. 90 Minuten schmoren lassen.
9. Mit saurer Sahne aufgießen und weitergaren.
10. Die Soße entfetten und evtl. etwas binden.

Zutaten:

1 Schinken (ca. 2 kg)
2 Zwiebeln
$1/2$ l Rotwein
$1/4$ l Essig
6 Lorbeerblätter
einige Pfefferkörner
einige Nelken
etwas Nelkenpfeffer
30 Wacholderbeeren
$1/2$ l Zitronensaft
abger. Schale v. $1/2$ Zitrone
etwas Ingwer
etwas Estragon
Salz zum Einreiben
etwas Butter
etwas saure Sahne

Lecker schmeckt der Jungschweinschinken mit Klößen und Rotkohl, der mit Rotwein und Äpfeln zubereitet wurde. Auch Bratäpfel, Johannisbeergelee und Preiselbeeren können dazu gereicht werden.

Fleischgerichte

Kasseler überbacken
(für 5-6 Personen)

Zubereitung:

1. Das Fleisch in Weißwein dünsten, jedoch nicht kochen lassen, und anschließend 30 bis 40 Minuten im Wein abkühlen lassen.
2. Die Paprikaschoten entkernen und in Stücke schneiden.

Zutaten:

700 g rohes Kasseler ohne Knochen
300 ml trockener Weißwein
2 rote Paprika
2 grüne Paprika

**weitere Zutaten
siehe nächste Seite**

Tipp

Zu der süßsauren Soße passen Salzkartoffeln mit Blumenkohl oder Brokkoli. Aber auch Rote-Bete-Salat ist eine köstliche Ergänzung.

③ Die Zwiebel in feine Würfel schneiden.
④ Den Lauch in Ringe schneiden.
⑤ Paprikastücke, Zwiebelwürfel, Lauchringe und die (ganzen) Champignons in Butter braten.
⑥ Mit Mehl abstäuben, Tomatenmark und den Wein zugeben.
⑦ 10 Minuten unter ständigem Rühren kochen.
⑧ Mit Salz, Pfeffer und frischen Kräutern abschmecken.
⑨ Das Fleisch in dünne Scheiben schneiden und in eine feuerfeste Form legen.
⑩ Die Gemüsemischung darüber verteilen und alles mit geriebenem Käse bestreuen.
⑪ Den Auflauf bei 220 Grad ca. 45 Minuten backen, bis der Käse goldbraun ist.

weitere Zutaten:

1 Zwiebel
1 Lauchstange
200 g Champignons
1 EL Butter
2 EL Mehl
2 EL Tomatenmark
etwas Salz
etwas Pfeffer
etwas Majoran
etwas Basilikum
100 g ger. Emmentaler

Königsberger Klopse
(für 8 Personen)

Zubereitung:

① Für die Klopse die Brötchen in Wasser einweichen und ausdrücken.
② Die Zwiebeln schälen und in feine Würfel schneiden.
③ Petersilie fein hacken.
④ Mett mit den eingeweichten Brötchen, dem rohen Ei, Senf, Petersilie und der Hälfte der Zwiebelwurfel verrühren.
⑤ Mit Pfeffer und Salz gut würzen.
⑥ Tennisballgroße Klopse formen.
⑦ Für die Brühe das Wasser mit Essig, Lorbeerblättern, Zucker, den Kapern im Sud sowie den restlichen Zwiebelwürfeln zum Kochen bringen.
⑧ Die Klopse in das kochende Wasser geben und bei geringer Hitze ca. 20 Minuten leicht köcheln lassen. Anschließend aus dem Wasser nehmen.
⑨ Für die Soße in einem anderen Topf die Butter schmelzen und das Mehl hinzufügen.
⑩ Mit dem Kochwasser der Klopse ablöschen und rühren, bis sich eine sämige Soße ergibt.

Zutaten:

2 harte Brötchen
2 Zwiebeln
½ Bund Petersilie
250 g Schweinemett
125 g Rindermett
125 g Kalbsmett
1 Ei
1 EL Senf
etwas frischer Pfeffer
etwas Salz
1 l Wasser
etwas Essig
2 Lorbeerblätter
etwas Zucker
1 kl. Glas Kapern (60 g)
1 EL Butter
1 EL Mehl

Fleischgerichte

Rheinischer Sauerbraten
(für 4 Personen)

Zubereitung:

1. Für die Beize die Zwiebeln schälen.
2. Lauch, Möhren und Sellerie putzen und grob zerkleinern.
3. Gemüse mit Rotwein, Essig, Wasser und den Gewürzen aufkochen.
4. Das Fleisch waschen, in einen Bräter legen und mit der Beize übergießen, sodass der Braten vollständig bedeckt ist.
5. Ca. 5 Tage an einem kalten Ort marinieren, zwischendurch gelegentlich wenden.
6. Vor der weiteren Verarbeitung das Fleisch aus der Beize nehmen und gut abtrocknen.
7. Die Beize durch ein Sieb geben und zur Seite stellen.
8. Das Fett in einer Kasserolle stark erhitzen und das Fleisch scharf von allen Seiten anbraten.
9. Die Hitze reduzieren, ein Viertel der Marinade sowie das Wasser zufügen und den Braten 90 Minuten schmoren. Zwischendurch ggf. Marinade und Wasser nachgießen bzw. den Braten damit beschöpfen.
10. Die Rosinen im Rotwein einlegen.
11. Den Lebkuchen zerbröseln.
12. Das Fleisch aus dem Bräter nehmen und auf einem Schneidebrett warm stellen.
13. Lebkuchen zusammen mit den Rosinen in die Bratensoße geben, verrühren und 5 Minuten ziehen lassen.
14. Die Soße zusätzlich mit Apfelkraut und Sahne binden sowie mit Pfeffer und Salz abschmecken.
15. Das warm gehaltene Fleisch aufschneiden und von der Soße getrennt servieren.

Zutaten:

Für die Beize:
2 Zwiebeln
1 Stange Lauch
2 Möhren
1 kl. Sellerieknolle
$1/2$ l Rotwein
$1/4$ l Weinessig
$1/2$ l Wasser
2 Lorbeerblätter
2 Nelken
10 Wacholderbeeren
10 Pfefferkörner
10 Senfkörner
1 TL Salz

Für das Fleisch:
1 kg Rindfleisch (Schulter)
80 g Fett
$1/4$ l Wasser
125 g Rosinen
$1/8$ l Rotwein
50 g Lebkuchen
2 EL Apfelkraut
60 g saure Sahne
etwas Salz
etwas frischer schwarzer Pfeffer

Fleischgerichte

Rindsroulade
(für 4 Personen)

Zubereitung:

1. Rouladen glatt ausbreiten.
2. Mit etwas Salz bestreuen und mit Senf einstreichen.
3. Speck in Scheiben schneiden.
4. Gurken in Stifte schneiden.
5. Zwiebel in Ringe schneiden.
6. Jeweils eine Speckscheibe auf die mit Senf bestrichenen Rouladen geben.
7. Die Gurkenstifte quer anordnen.
8. Die Zwiebelringe ebenfalls aufschichten.
9. Die Rouladen aufrollen und mit Klammern, Stäben oder Band fixieren.
10. Öl in einen Kochtopf geben und stark erhitzen.
11. Die Rouladen hineinlegen und von allen Seiten scharf anbraten.
12. Die Tomate häuten und vierteln.
13. Die Möhre würfeln.
14. Tomate und Möhre zu den Rouladen ins heiße Öl geben.
15. Die Hitze reduzieren und Wasser zugießen.
16. Mit Salz und Pfeffer würzen.
17. Mit Deckel ca. 90 Minuten schmoren.
18. Den Topf von der Herdplatte nehmen, die Rouladen herausnehmen und warm stellen.
19. Den Schmorsud durch ein Sieb geben und die Gemüsereste passieren.
20. Die Speisestärke mit kaltem Wasser anrühren und den kochenden Sud damit binden.

Zutaten:

4 Rinderrouladen
Salz
2 EL Senf
geräucherter durchwachsener Speck
2 Gewürzgurken
1 Zwiebel
2 EL Öl
1 Tomate
1 Möhre
$3/4$ l Wasser
etwas Salz
etwas Pfeffer
etwas Mehl oder Speisestärke
etwas Wasser

Fleischgerichte

Brotauflauf
(für 4 Personen)

Zubereitung:

1. Knoblauch pressen und mit der Butter vermischen.
2. Lauch waschen, putzen und in feine Ringe schneiden.
3. Champignons und Petersilie hacken.
4. Toastbrote rösten und mit der Knoblauchbutter bestreichen.
5. Lauch in Öl andünsten.
6. Hackfleisch, Champignons und Petersilie zufügen, salzen, pfeffern und 15 Minuten braten.
7. Eine Auflaufform buttern und 4 Toastscheiben auf den Boden legen.
8. Eier trennen und das Eiweiß steif schlagen.
9. 4 EL saure Sahne unter das Hackfleisch mengen.
10. Die übrige Sahne mit dem Eigelb und dem Käse verquirlen und den Eischnee unterziehen.
11. Ein Drittel der Käsecreme und das Fleisch auf die Brote streichen.
12. Die anderen 4 Toastscheiben auflegen.
13. Darüber die restliche Käsecreme gleichmäßig verteilen.
14. Den Auflauf bei 175 Grad ca. 45 Minuten garen.

Zutaten:

2 Knoblauchzehen
50 g Butter
1 Stange Lauch
200 g Champignons
1 Bund Petersilie
8 Scheiben Toast
2 EL Öl
400 g Hackfleisch
etwas Salz
etwas schwarzer Pfeffer
etwas Butter
3 Eier
200 g saure Sahne
50 g ger. Emmentaler

Krustenschinken
(für 8-10 Personen)

Zubereitung:

1. Den Schinken in einen großen Topf legen.
2. Mit Wasser bedecken.
3. Die Gewürze in ein Tee-Ei oder einen Leinenbeutel geben und in die Brühe hängen.

Zutaten:

2 kg gepökelten Schinken
Wasser
1 Lorbeerblatt
12 Pfefferkörner
½ Sellerieknolle
3-4 Zwiebeln
3-4 Möhren
scharfer Senf
Blütenhonig

④ Die Sellerieknolle putzen und in Würfel schneiden.
⑤ Die Zwiebeln in Ringe schneiden.
⑥ Die Möhren lediglich putzen.
⑦ Das gesamte Gemüse zum Fleisch geben und 90 Minuten garen.
⑧ Das Fleisch herausheben, die Schwarte im Schachbrettmuster einschneiden.
⑨ Erst mit scharfem Senf, dann mit Honig bestreichen.
⑩ Den Schinken in einen Bräter geben, mit etwas Wasser angießen und im Backofen 1 Stunde bei 200 Grad schmoren. Zwischendurch immer wieder mit Honig bestreichen.

Sauerfleisch mit Backpflaumen
(für 4-6 Personen)

Zutaten:

300 g durchwachsenes Schweinefleisch
Wasser
300 g mageres Rindfleisch
etwas Salz
2 Lorbeerblätter
250 g Backpflaumen
100 g Zucker
3-4 EL Essig
125 g Rosinen
etwas Salz
etwas Pfeffer

Zubereitung:

① Schweine- und Rindfleisch in kleine Stücke schneiden.
② In einen Topf geben und mit Wasser bedecken.
③ Etwas Salz und Lorbeerblätter hinzufügen und 1 Stunde kochen lassen.
④ Die Backpflaumen mit dem Zucker und dem Essig hinzugeben und nochmals 15 bis 20 Minuten kochen lassen.
⑤ Dann die Rosinen zufügen und 15 Minuten weiterkochen lassen.
⑥ Wenn die Flüssigkeit verkocht ist, etwas Wasser nachfüllen und mit Salz und Pfeffer abschmecken.

Fleischgerichte

Schweinebraten klassisch
(für 6 Personen)

Zutaten:

1 kg Schweinebraten aus der Keule
etwas Salz
½ l Wasser
1 Zwiebel
1 Bund Suppengrün
1 Knoblauchzehe
1 Lorbeerblatt
4 Pfefferkörner
1 TL Kümmel
1 EL Speisestärke
weißer Pfeffer

Zubereitung:

① Das Fleisch abspülen, abtrocknen und mit Salz einreiben.
② Die rohe Schwarte kreuzweise einschneiden.
③ Wasser zum Kochen bringen.
④ Das Fleisch in eine Fettpfanne legen und mit der Hälfte des kochenden Wassers übergießen.
⑤ In den auf 220 Grad vorgeheizten Ofen schieben.
⑥ Hin und wieder mit dem Bratensaft übergießen.
⑦ Zwiebel schälen und achteln.
⑧ Suppengrün putzen, waschen und in grobe Würfel schneiden.
⑨ Knoblauchzehe schälen und mit Salz zerdrücken.
⑩ Nach 60 Minuten Bratzeit Zwiebel, Suppengrün, Lorbeerblatt, Pfefferkörner, Kümmel und den Knoblauch in die Fettpfanne geben.
⑪ Das restliche Wasser zugeben.
⑫ Nach 40 Minuten den Topf aus dem Ofen nehmen und das Fleisch auf einer Platte warm stellen.
⑬ Fond durch ein Sieb streichen und mit Wasser auf ½ Liter auffüllen.
⑭ Speisestärke mit wenig kaltem Wasser verquirlen, in den Fond rühren und aufkochen lassen.
⑮ Soße mit Salz und weißem Pfeffer abschmecken.
⑯ Braten aufschneiden, Soße getrennt dazu reichen.

Fleischgerichte

Zutaten:

4 EL Öl
750 g Rindergulasch
2 Tomaten
6 Zwiebeln
300 g Kartoffeln
2 Paprikaschoten
2 EL Mehl
2 EL Paprikapulver, edelsüß
etwas Salz
etwas Pfeffer
1 l Wasser
½ TL Kümmel
abger. Schale v. 1 Zitrone
1 Knoblauchzehe

Rindergulasch
(für 5 Personen)

Zubereitung:

1. Das Öl in einen Kochtopf geben und stark erhitzen.
2. Das Gulasch von allen Seiten scharf anbraten, bis sich ein Bratensatz bildet.
3. Zwischendurch die Tomaten häuten, entkernen und vierteln.
4. Die Zwiebeln ebenfalls häuten und vierteln.
5. Kartoffeln schälen und würfeln.
6. Paprika waschen, entkernen und in Streifen schneiden.
7. Tomaten und Zwiebeln zum Fleisch geben.
8. Mehl und Paprikapulver zugeben und unterrühren.
9. Mit Salz und Pfeffer leicht würzen.
10. Das Wasser zugeben und den Bodensatz durch Rühren auflösen.
11. Alles noch einmal zum Kochen bringen, dann die Hitze reduzieren und Kartoffelwürfel und Paprikastreifen zum Fleisch geben.
12. Das Gulasch mit Deckel 2 Stunden bei geringer Hitze auf dem Herd lassen.
13. Mit Kümmel, Zitrone und Knoblauch würzen sowie mit Salz und Pfeffer abschmecken.
14. Abschließend noch einmal ohne Deckel 30 Minuten köcheln lassen.

Tafelspitz
(für 4 Personen)

Zubereitung:

1. Den küchenfertigen Tafelspitz waschen und trocknen.
2. Die Gemüsebrühe erhitzen.
3. Das Fleisch in die Brühe geben und bei mittlerer Hitze 90 Minuten köcheln lassen.
4. Die festen Gewürze in einen Leinensack füllen und in die Brühe hängen.
5. Mit Salz, Pfeffer und Muskat würzen.
6. Kartoffeln, Möhren, Zwiebeln und Lauch waschen, putzen und in kleine Stücke schneiden.
7. Die Gemüsestücke in die Brühe geben und noch 30 Minuten mit dem Tafelspitz ziehen lassen.
8. Den Tafelspitz herausnehmen und auf ein Schneidebrett legen.
9. Das Gemüse weitergaren, bis es bissfest ist.
10. In der Zwischenzeit das Fleisch in Scheiben schneiden und anrichten.
11. Anschließend das Gemüse zugeben.
12. Den Sud mit etwas Meerrettichsahne zu einer Soße verrühren.
13. Die Soße über das Fleisch und das Gemüse geben.
14. Alles mit gehacktem Schnittlauch oder Petersilie bestreuen.

Zutaten:

1,5 kg Tafelspitz
2 l Gemüsebrühe
2 Lorbeerblätter
einige Pfefferkörner
einige Nelken
einige Pimentkörner
einige Senfkörner
einige Wacholderbeeren
etwas Salz
etwas Pfeffer
1 Pr. Muskatnuss
400 g Kartoffeln
4 Möhren
1 Zwiebel
1 Stange Lauch
etwas Meerrettichsahne
etwas Schnittlauch o. Petersilie

Tafelspitz ist das zarte Schwanzstück vom Rind und ist zugleich der Name eines berühmten Gerichts der Wiener Küche.

Fleischgerichte

Tipp

Für das Tomatenconcassé die Tomaten häuten, entkernen und in Würfel schneiden. Die Würfel in einer Pfanne mit Butter dünsten. Zwischendurch mit Salz und Pfeffer würzen.

Coq au vin
(für 10–12 Personen)

Zubereitung:

1. Poulet je nach Größe zerlegen.
2. Mit etwas Pfeffer würzen und in Öl anschwitzen.
3. Zwiebeln und Sellerie würfeln.
4. Geflügel aus dem Topf nehmen und Bauchspeck, Zwiebel- und Selleriewürfel anschwitzen.
5. Mit Rotwein ablöschen und mit Geflügelbrühe auffüllen.
6. Geflügel und den Gewürzbeutel zugeben.
7. Das Gericht zugedeckt 20 bis 25 Minuten garen.
8. Geflügelfleisch von den Knochen lösen, dabei möglichst von allen Knochen befreien. Danach warm stellen.
9. Soße mit Mehlbutter binden und mit Sahne, Rotwein, evtl. Geflügelextrakt und Butter aufschlagen.
10. Die Soße über das warm gestellte Geflügel gießen.
11. Steinpilze oder Champignons, Schalotten und Speckstreifen anbraten und zusammen mit dem Tomatenconcassé, Croûtons und Nudeln zum Fleisch servieren.

Zutaten:

3 kg Poulet (8–16 Wochen altes Hähnchen bzw. junges Masthuhn)
etwas weißer Pfeffer
100 g Öl
2 Zwiebeln
1 Sellerieknolle
200 g Bauchspeck in Scheiben
$1/2$ l Rotwein (Burgunder)
250 ml kräftige Geflügelbrühe
Gewürzbeutel mit Knoblauch, Thymian, Petersilienwurzel, Schalotten, Lorbeerblättern, Pfefferkörnern, Liebstöckel
150 g Mehlbutter
200 g Sahne
100 ml Rotwein
Geflügelextrakt
100 g Butter
200 g Steinpilze o. Champignons
200 g Schalotten
100 g Bauchspeck in Streifen
Tomatenconcassé
Croûtons
Nudeln

Fleischgerichte

Geflügelgeschnetzeltes in Sahnesoße
(für 4–5 Personen)

Zutaten:

500 g Hähnchenbrustfilet
30 g Pflanzenfett
etwas Salz
etwas Pfeffer
etwas Paprika (edelsüß)
150 g gedünstete Champignons
150 g Crème fraîche
150 ml Weißwein
etwas Zucker

Zubereitung:

1. Die Hähnchenbrustfilets in dünne Scheiben schneiden.
2. Das Fleisch im Fett scharf anbraten.
3. Mit Salz, Pfeffer und Paprika würzen.
4. Die Champignons zum Abtropfen auf ein Sieb geben und in Scheiben schneiden.
5. 25 ml der Abtropfflüssigkeit und die Champignons zum Fleisch geben.
6. Crème fraîche und Weißwein hinzufügen, verrühren und etwas einkochen lassen, sodass eine dickliche Soße entsteht.
7. Zum Schluss nochmals mit Salz, Pfeffer und Zucker verfeinern.

Zutaten:

250 g Backpflaumen
1 kg dicke Schweinerippe (mit eingeschnittener Tasche)
etwas Salz
4 saure Äpfel
2 EL Semmelmehl
etwas Zucker

Schweinerippe mit Backobst
(für 6 Personen)

Zubereitung:

1. Die Backpflaumen entkernen und 12 Stunden einweichen.
2. Das Fleisch waschen, gut abtrocknen und von innen und außen salzen.
3. Die Äpfel waschen, schälen, vierteln, entkernen und in Scheiben schneiden.
4. Mit den Pflaumen und den übrigen Zutaten vermischen.
5. Die Füllung in die Fleischtasche geben und zunähen.
6. Im Backofen knapp 2 Stunden schmoren bzw. braten.

Hasenrückenfilet in Blätterteig
(für 4 Personen)

Zubereitung:

1. Hasenrücken auslösen und leicht anbraten.
2. Mit Salz und Pfeffer würzen und abkühlen lassen.
3. Den Blätterteig zu einer großen Platte ausrollen und mit dem Kochschinken auslegen.
4. Die Hasenrückenfilets darauflegen und einrollen.
5. Die Rolle auf ein gefettetes Backblech setzen und mit einer Eigelb-Wasser-Mischung bestreichen.
6. Im Backofen bei 170 Grad 15 bis 20 Minuten backen.
7. Für die Soße Schalottenwürfel und zerkleinerten grünen Pfeffer in Butter dünsten.
8. Mit Rotwein ablöschen, einkochen und mit Cognac flambieren.
9. Die Reduktion mit Wildsoße auffüllen, leicht mit Mehl oder Speisestärke abbinden und mit Sahne verfeinern.
10. Die Hasenrückenfilets schräg aufschneiden und vor dem Servieren mit der Soße überziehen.

Zutaten:

4 Hasenrückenfilets
etwas Salz
etwas Pfeffer
600 g TK-Blätterteig
200 g gekochter Schinken in dünnen Scheiben
1 Eigelb
etwas Wasser
80 g Schalottenwürfel
50 g grüner Pfeffer
80 g Butter
10 ml Rotwein
5 ml Cognac
2 ml Wildsoße
etwas Mehl oder Speisestärke
10 g Sahne

Tipp: Um sicherzugehen, dass man einen jungen Hasen und keinen alten Rammler einkauft, gibt es folgenden **Trick:** Lassen sich die Ohren am Rand leicht einreißen? Sind die Zähne weiß und spitz? Dann kann man sicher sein, dass ein junges Tier vor einem liegt.

Fleischgerichte

Hühnerfrikassee
(für 6 Personen)

Zubereitung:

① Die Poularde in Salzwasser geben, zum Kochen bringen und abschäumen.
② Das Suppengrün putzen und waschen.
③ Die Zwiebel pellen und mit dem Lorbeerblatt und der Nelke spicken.
④ Das Suppengrün und die gespickte Zwiebel der Poularde hinzufügen.
⑤ Die Poularde gar kochen und herausnehmen.
⑥ 500 ml der Brühe durch ein Sieb geben.
⑦ Das Fleisch der Poularde vom Knochen nehmen, die Haut entfernen und das Fleisch in große Würfel schneiden.
⑧ Den Spargel kochen.
⑨ Die Champignons dünsten.
⑩ Die Butter zerlassen und das Mehl unter Rühren so lange darin erhitzen, bis es hellgelb ist.
⑪ Dann mit der Hühnerbrühe aufgießen und mit einem Schneebesen so durchschlagen, dass keine Klumpen entstehen.
⑫ Die Soße zum Kochen bringen und etwa 5 Minuten kochen lassen.
⑬ Spargel und Champignons in die Soße geben.
⑭ Weißwein, Zitronensaft und Zucker einrühren.
⑮ Die Eigelbe mit der Sahne verschlagen und das Frikassee damit abziehen. Das Frikassee darf dabei nicht mehr kochen, weil sonst die Eigelbe gerinnen würden.
⑯ Mit Salz, Pfeffer, Worcestersoße und Zitronensaft abschmecken.
⑰ Zum Schluss das Frikassee mit dem Fleisch vermischen.

Zutaten:

1 küchenfertige Poularde
1,5 l Wasser
Salz
1 Bund Suppengrün
1 Zwiebel
1 Lorbeerblatt
1 Nelke
200 g Spargelstücke
150 g Champignons
25 g Butter
30 g Weizenmehl
500 ml Hühnerbrühe
10 ml Weißwein
1 EL Zitronensaft
1 TL Zucker
2 Eigelbe
4 EL Schlagsahne
etwas Salz
etwas Pfeffer
Worcestersoße

Fleischgerichte

Tipp
Das Frikassee schmeckt besonders gut, wenn es im Reisrand serviert wird.

Zutaten:

800 g Wildfleisch (Hirsch oder Wildschwein von der Schulter, ohne Knochen)
2 EL roter Portwein
80 g durchwachsener Speck
30 g Pflanzenfett
1 Zwiebel
etwas Salz
etwas Pfeffer
5 Wacholderbeeren
4 Nelken
1 TL Thymian
250 g Champignons
50 g Johannisbeergelee
etwas Mehl oder Speisestärke

Wildragout
(für 6-8 Personen)

Zubereitung:

1. Das Fleisch unter fließend kaltem Wasser abspülen und trocken tupfen.
2. In walnussgroße Würfel schneiden, mit dem Portwein begießen und einige Stunden stehen lassen.
3. Den Speck in kleine Würfel schneiden.
4. Das Pflanzenfett erhitzen und die Speckwürfel darin auslassen.
5. Das Fleisch hinzugeben und scharf anbraten.
6. Zwiebel würfeln, dem Fleisch zufügen und mitbräunen.
7. Mit den Gewürzen und 250 ml heißem Wasser aufgießen.
8. Das Fleisch gar schmoren lassen, dabei immer wieder mit etwas heißem Wasser aufgießen. Je nach Alter des Tieres dauert die Schmorzeit bis zu 2 Stunden, damit das Fleisch richtig zart wird.
9. Champignons vierteln und ca. 10 Minuten vor Ende der Schmorzeit zusammen mit 250 ml heißem Wasser zugeben.
10. Das Gelee unterrühren und die Soße etwas binden.

Tipp

Gutes Wildfleisch kaufen Sie am besten aus heimischen Wald- und Feldrevieren. Fragen Sie einfach beim Jäger in der Nähe. Adressen stehen auch im Internet, zum Beispiel auf den Seiten des Deutschen Jagdverbandes.

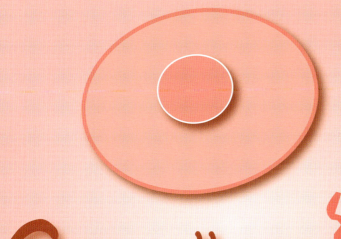

Gemüse,
Salat und Kartoffeln

Lorbeer allein macht nicht satt, besser wer Kartoffeln hat!

Gemüse, Salat und Kartoffeln

Tipp

Vorwiegend festkochende Kartoffeln bräunen besser als ausschließlich festkochende Kartoffeln, und sie haben auch ein feineres Aroma. Ihr Nachteil besteht darin, dass sie schneller zerfallen.

Bratkartoffeln
(für 4 Personen)

Zutaten:
750 g festkochende Kartoffeln
125 g durchwachsener Speck
2 EL Öl
4 Zwiebeln
etwas Salz
etwas Pfeffer

Zubereitung:
1. Die Kartoffeln waschen, bürsten, mit der Schale kochen und anschließend pellen.
2. Die Kartoffeln in nicht zu dünne Scheiben schneiden.
3. Den Speck in Würfel schneiden.
4. Das Öl in eine Pfanne geben und erhitzen.
5. Die Speckwürfel ausbraten.
6. Die Zwiebeln in Ringe schneiden.
7. Auf mittlere Hitze zurückschalten, die Kartoffelscheiben mit in die Pfanne geben und bräunen.
8. Zum Schluss die Zwiebeln kurz mitbraten.
9. Nach Belieben mit Salz und Pfeffer würzen.

Tipp: Bratkartoffeln schmecken köstlich zu vielerlei Gerichten. Ein schnell zubereiteter Genuss sind Bratkartoffeln mit Spiegelei!

Dicke Bohnen
(für 4 Personen)

Zutaten:
800 g dicke Bohnen
50 g Räucherspeck
1 Zwiebel
2 EL Butter oder Margarine
1 EL Mehl
300 ml Bohnenfond
$1/2$ TL Bohnenkraut
etwas Salz
etwas Pfeffer

Zubereitung:
1. Die Bohnen mit Wasser kochen.
2. Den Speck in kleine Würfel schneiden.
3. Die Zwiebel schälen und hacken.
4. Fett in einem Topf erhitzen.
5. Den Speck darin kross anbraten.
6. Die Zwiebel hinzugeben.
7. Mit dem Mehl bestäuben und Bohnenfond zugießen.
8. Flamme auf geringe Hitze einstellen und unter Rühren aufkochen lassen.
9. Die gekochten Bohnen und das Bohnenkraut zugeben.
10. Kräftig salzen und pfeffern.
11. Alles nochmals 5 Minuten köcheln lassen.

Tipp: Dicke Bohnen schmecken am besten mit Salzkartoffeln und in der Pfanne mit Rosmarin gebratenen Bauchspeckscheiben.

Gemüse, Salat und Kartoffeln

Gefüllte Kartoffeln
(für 4 Personen)

Zubereitung:

1. Kartoffeln schälen und eine Kappe abschneiden.
2. Den Rest der Kartoffeln aushöhlen.
3. Bratenreste und die ausgehöhlten Kartoffelteile klein schneiden.
4. Das Weißbrot von der Rinde befreien und in kleine Würfel schneiden.
5. Petersilie fein hacken.
6. Braten-, Kartoffel- und Weißbrotwürfel, Petersilie, Eier und Gewürze vermischen und abschmecken.
7. Bratengemisch in die ausgehöhlten Kartoffeln füllen.
8. Die Kappe aufsetzen und mit einem Band zubinden.
9. Die Kartoffeln langsam in reichlich Fett von allen Seiten goldbraun und gar braten.

Zutaten:

4 gr. Kartoffeln
Bratenreste
2 Scheiben Weißbrot
1 Bund Petersilie
2 Eier
etwas Salz
etwas Pfeffer
etwas ger. Muskatnuss
etwas Butter

Gemüse, Salat und Kartoffeln

Kohlrouladen
(für 4 Personen)

Zubereitung:

1. Weißkohlblätter reinigen und dicke Rispen glatt schneiden.
2. Die Blätter in Wasser ca. 4 Minuten gar kochen. Herausnehmen, abtrocknen und auskühlen lassen.
3. Zwiebeln schälen und würfeln.
4. Petersilie hacken.
5. Speck würfeln.
6. Das Hackfleisch in eine Schüssel geben und mit der Hälfte der Zwiebeln sowie der Petersilie und dem Ei vermischen.
7. Mit Salz und Pfeffer abschmecken.
8. Die Hackfleischmasse auf den Kohlblättern verteilen.
9. Die Kohlblätter mithilfe von Spangen oder Bindfäden zu Paketen verschnüren.
10. Die Speckwürfel in einem Topf anbraten.
11. Die Kohlrouladen zufügen, 5 Minuten von allen Seiten anbraten und wieder herausnehmen.
12. Die restlichen Zwiebeln und das Mehl mit dem angebratenen Speck verrühren.
13. Wasser hinzufügen und erneut aufkochen.
14. Kohlpakete in die Speckbrühe legen und mit geschlossenem Deckel ca. 25 Minuten schmoren.

Zutaten:

8 gr. Weißkohlblätter
5 Zwiebeln
1 Bund Petersilie
150 g geräucherter durchwachsener Speck
400 g gemischtes Hackfleisch
1 Ei
Salz
Pfeffer
2 EL Mehl
$1/2$ l Wasser

Gemüse, Salat und Kartoffeln

Grünkohl mit durchwachsenem Speck und Brägenwurst
(für 6 Personen)

Tipp: Den Kohl mit Salzkartoffeln servieren. In großen Terrinen macht sich dieses Essen besonders gut.

Zutaten:

1 kg Grünkohl
3 gr. Zwiebeln
100 g Schweineschmalz
500 g Bauchfleisch vom Schwein
etwas Salz
etwas Muskat
200–250 ml heißes Wasser
6 Birnen
6 geräucherte Brägenwürstchen

Zubereitung:

1. Den Grünkohl putzen, waschen, gründlich abtropfen lassen und hacken.
2. Die Zwiebeln schälen, würfeln und im Schweineschmalz glasig dünsten.
3. Das Bauchfleisch würfeln, hinzugeben und mit anbraten.
4. Mit Salz und Muskat würzen und mit heißem Wasser auffüllen.
5. Den vorbereiteten Grünkohl zugeben und etwa 40 Minuten bei milder Hitze garen.
6. Die Birnen schälen, vierteln, entkernen. Die Würste mit einer Nadel etwas einstechen.
7. 10 Minuten vor Ende der Garzeit die Birnen hinzufügen und die Brägenwürstchen auf die Kohlmischung legen.

Kartoffelgratin
(für 8 Personen)

Zutaten:

1 TL Butter oder Margarine
1,3 kg Kartoffeln
Pfeffer
Salz
50 g geräucherter Schinken
¼ l Milch
500 g Sahne
100 g Hartkäse

Zubereitung:

1. Eine feuerfeste flache Auflaufform einfetten.
2. Kartoffeln schälen und in dünne Scheiben schneiden.

③ Den Boden der Form fächerartig mit Kartoffelscheiben bedecken.
④ Pfeffer und Salz überstreuen.
⑤ Den Schinken in Streifen schneiden. Einen Teil der Schinkenstreifen über die gewürzten Kartoffelscheiben geben.
⑥ Wieder eine Kartoffelscheibenschicht legen und nach dem Würzen mit Schinken belegen.
⑦ Weitere Schichten legen, bis die Form gefüllt ist.
⑧ Milch und Sahne verrühren und gleichmäßig über die Kartoffelschichten gießen.
⑨ Den Hartkäse raspeln und gleichmäßig auf dem Kartoffelgratin verteilen.
⑩ Das Gratin 60 bis 90 Minuten bei 140 Grad in der Mitte des Backofens garen.

Paprika-Zucchini-Gemüse
(für 3–4 Personen)

Zubereitung:

① Zucchini und Paprika waschen, entstielen, halbieren und in walnussgroße Stücke schneiden.
② Die Tomaten kurze Zeit in kochendes Wasser legen, mit kaltem Wasser abschrecken und enthäuten. Dann die Stängelansätze herausschneiden und die Tomaten in Scheiben schneiden.
③ Die Zwiebeln und den Knoblauch pellen und in feine Scheiben schneiden.
④ Olivenöl erhitzen.
⑤ Zwiebel- und Knoblauchscheiben darin andünsten und das geschnittene Gemüse hinzufügen.
⑥ Mit Salz und Pfeffer würzen und gar dünsten.
⑦ Zum Schluss mit Kräutern der Provence bestreuen.

Zutaten:

1 Zucchini
1 rote Paprika
1 grüne Paprika
200 g Tomaten
3 Zwiebeln
1 Knoblauchzehe
etwas Olivenöl
etwas Salz
etwas Pfeffer
2 EL Kräuter der Provence

Gemüse, Salat und Kartoffeln

Krautwickel
(für 4 Personen)

Zubereitung:

1. Mehl, Eier, Eiweiß, Salz, Butterschmalz und Wasser zu einem glatten Teig verkneten.
2. Den Teig 30 Minuten ruhen lassen.
3. In der Zwischenzeit den Speck in feine Würfel schneiden.
4. Etwas Öl in einer hohen Pfanne erhitzen und den Speck darin auslassen.
5. Das Sauerkraut zufügen.
6. Nelke und Lorbeerblatt in die Zwiebel spicken und zusammen mit den Wacholderbeeren in die Brühe der Sauerkrautpfanne geben. Alles zusammen köcheln lassen.
7. Den Teig auf einem mit Mehl bestäubten Küchentuch dünn ausrollen.
8. Die gespickte Zwiebel aus dem Sauerkraut nehmen.
9. Das Kraut gleichmäßig auf dem ausgerollten Teig verteilen.
10. Den Teig aufrollen und die Rolle in 5 cm lange Stücke schneiden.
11. Einen kleinen Bräter mit Margarine einfetten.
12. Die Krautstücke dicht nebeneinander in den Bräter setzen und den Bräter ca. 2,5 cm mit Wasser auffüllen.
13. Den Bräter zugedeckt in den Backofen schieben und 20 bis 25 Minuten bei 200 Grad schmoren.
14. Kurz vor Ende der Garzeit den Deckel abnehmen und die Krautwickel offen schmoren.

Zutaten:

375 g Mehl
2 Eier
2 Eiweiß
½ TL Salz
2 EL Butterschmalz
3 EL Wasser
200 g durchwachsener Speck
etwas Öl
500 g Sauerkraut
1 Nelke
1 Lorbeerblatt
1 Zwiebel
4 Wacholderbeeren
etwas Margarine

Gemüse, Salat und Kartoffeln

Reibekuchen/Puffer
(für 4 Personen)

Zubereitung:

1. Mehl und Eier verrühren
2. Kartoffeln waschen, putzen, schälen und grob raspeln. Das Kartoffelmus ausdrücken, damit es nicht mehr ganz so feucht ist.
3. Die Kartoffelraspel gleich in die Eimasse einrühren, bevor sie an der Luft braun werden.
4. Die Zwiebel abziehen und in Würfel schneiden.
5. Die Zwiebelwürfel unter die Kartoffel-Ei-Masse rühren.
6. Alles mit Salz, Pfeffer und Zucker abschmecken.
7. Das Schweineschmalz in einer Pfanne erhitzen.
8. Pro Puffer 2 Esslöffel Teig ins heiße Fett geben und mit dem Löffel platt drücken.
9. Die Puffer wenden, sobald der Rand braun wird.

Zutaten:

1 EL Mehl
2 Eier
500 g vorw. festkochende Kartoffeln
1 Zwiebel
etwas Salz
etwas weißer Pfeffer
1 Pr. Zucker
2 EL Schweineschmalz

Ob mit Apfelkompott (siehe Seite 108), Apfelkraut (siehe Seite 43), herzhaft mit kräftigem Käse oder edel mit Lachs und Kaviar – mit Reibekuchen oder Puffern kann nichts schiefgehen.

Gemüse, Salat und Kartoffeln

Rote-Bete-Salat
(für 4–6 Personen)

Zubereitung:

1. Rote Bete und Äpfel schneiden, raspeln und mischen.
2. Joghurt mit Salz, Meerrettich, Essig und Honig mischen.
3. Die Joghurtmasse zur Roten Bete geben und verrühren.
4. Zugedeckt 20 Minuten bei Raumtemperatur durchziehen lassen.
5. In der Zwischenzeit die Petersilie fein schneiden.
6. Die Sonnenblumenkerne in der Pfanne rösten.
7. Den Salat mit Pfeffer und Salz abschmecken.
8. Zum Schluss die Sonnenblumenkerne und die Petersilie zum Salat geben und unterheben.

Zutaten:

300 g gekochte Rote Bete
2 saure Äpfel
250 g Joghurt
etwas Kräutersalz
1 EL Meerrettich
1 EL Obstessig
etwas Honig
1/2 Bd. Petersilie
3 EL Sonnenblumenkerne
etwas Pfeffer
etwas Salz

Während der langen Garzeit behält Sauerkraut seine Farbe, wenn es mit eingefettetem Pergamentpapier bedeckt wird.

Sauerkraut
(für 4 Personen)

Zubereitung:

1. Das Sauerkraut in einen Topf geben und durchstoßen.
2. Zwiebeln schälen und würfeln.
3. Den Apfel schälen, vom Kerngehäuse befreien und in Stücke schneiden.
4. Das Schmalz erhitzen.
5. Die Zwiebeln im Schmalz glasig dünsten.
6. Die Apfelstücke und das Sauerkraut in die Pfanne geben.
7. Die Gewürze zufügen.
8. Das Kraut kurz anschmoren und den Wein angießen.
9. Mit geschlossenem Deckel 45 Minuten köcheln lassen.

Zutaten:

750 g Sauerkraut
2 Zwiebeln
1 Apfel
1 EL Schweineschmalz
2 Lorbeerblätter
3 Wacholderbeeren
1/4 l Weißwein

Gemüse, Salat und Kartoffeln

Selleriesalat
(für 4-6 Personen)

Zutaten:

400 g Sellerie
2 Äpfel
ggf. 2 kl. Bananen
Saft von 1 Zitrone
150 g Vollmilchjoghurt
100 g saure Sahne
50 g Rosinen
etwas Curry
etwas Pfeffer
etwas Salz
etwas Honig
30 g Walnüsse

Zubereitung:

1. Sellerie schälen und grob raspeln.
2. Äpfel waschen, vierteln, vom Kerngehäuse befreien und in Stifte schneiden.
3. Ggf. die Bananen in Scheiben schneiden.
4. Sellerie-, Apfel- und Bananenstücke mischen und mit Zitronensaft beträufeln.
5. Aus dem Joghurt mit saurer Sahne, Rosinen, Gewürzen und Honig eine Soße herstellen.
6. Die Joghurtsoße über die Rohkost gießen und mit ihr vermischen.
7. Den Salat 24 Stunden gut durchziehen lassen.
8. Vor dem Servieren die Nüsse hacken und unter den Salat heben.
9. Einige Walnusshälften zur Dekoration verwenden.

Warmer Kartoffelsalat
(für 6-8 Personen)

Zutaten:

2 kg festkochende Kartoffeln
125 g Speck
3 Zwiebeln
etwas Essig
etwas Zucker
etwas Salz
etwas weißer Pfeffer

Zubereitung:

1. Kartoffeln gar kochen, pellen, abkühlen lassen und in Scheiben schneiden.
2. Wasser zum Kochen bringen und die Kartoffelscheiben übergießen, sodass diese bedeckt sind.
3. Speck in kleine Würfel schneiden und anbraten.
4. Zwiebeln fein würfeln, dem Speck zugeben und goldgelb braten.
5. Die Kartoffelscheiben abgießen und mit Essig, Zucker, Salz und Pfeffer würzen.
6. Speck und Zwiebeln untermischen und warm servieren.

Nach-speisen

Die schlechtesten Früchte sind es nicht, woran die Wespen nagen.

Feines Apfel-Birnen-Kompott

Zutaten:

1 kg Birnen
200 g säuerliche Äpfel
etwas Wasser
150 ml Weißwein
Zucker
2 Zimtstangen
1 Pr. abger. Zitronenschale

Zubereitung:

① Birnen und Äpfel klein schneiden.
② In einen Topf geben und mit Wasser, Wein, Zucker, Zimtstangen und Zitronenschale weich kochen.
③ Die Zimtstangen entfernen.
④ Das Mus durch ein Sieb streichen.
⑤ In Dessertschüsseln füllen und mit Zimt, Zucker und Mandeln bestreuen.

Das Grundrezept für einfaches Apfelkompott ist ganz leicht:
Äpfel säubern, klein schneiden und mit wenig Wasser (sodass die Apfelstücke gerade bedeckt sind) weich kochen. Zum Schluss eventuell durch ein Sieb streichen.

Apfel-Cremespeise
(für 6–8 Personen)

Zutaten:

¼ l Milch
1 Vanilleschote
30 g Mehl
10 g Butter
3 Eier
1 Pr. Salz
2 EL Zucker
4 Äpfel
etwas Weißwein
50 g Zucker
einige Kirschen
etwas Zimt
etwas Puderzucker

Zubereitung:

① Die Milch zusammen mit der gespaltenen Vanilleschote aufkochen, anschließend zugedeckt stehen lassen.
② Das Mehl in einer Schale mit der Butter verkneten.
③ Die heiße Vanillemilch von der Herdplatte nehmen, nach und nach zu der Mehl-Butter-Mischung geben und zu einem festen Brei rühren.
④ Den Brei abkühlen lassen.
⑤ Die Eier trennen.

⑥ Eigelbe mit Salz und Zucker unter den Brei rühren.
⑦ Eiweiß steif schlagen und hinzugeben.
⑧ Die Hälfte des Teiges in eine gefettete Auflaufform geben.
⑨ Aus den Äpfeln das Kerngehäuse ausstechen.
⑩ Die hohlen Äpfel mit Weißwein und Zucker kochen, anschließend auf den Teig geben.
⑪ Die Äpfel mit Kirschen füllen und nach Belieben mit Zimt bestreuen.
⑫ Die zweite Teighälfte auf die Äpfel geben und mit Puderzucker bestäuben.
⑬ Den Auflauf bei 180 Grad 40 Minuten backen.

Vanille-Äpfel
(für 4-6 Personen)

Die feine Säure der Äpfel harmoniert perfekt mit den sanften Vanillearomen – ein Genuss besonders für kalte Wintertage.

Zubereitung:

① Äpfel waschen, schälen und das Kerngehäuse entfernen.
② Wasser, Weißwein, Zucker und die Zitronenschale zusammenfügen.
③ Die Zuckerlösung aufkochen, die Äpfel darin weich kochen.
④ Die Äpfel herausnehmen und mit der Zuckerlösung übergießen.
⑤ Für die Soße die Milch mit der Vanillestange aufkochen.
⑥ Eigelbe mit Zucker warm auf einem Wasserbad aufschlagen.
⑦ Nach und nach die Milchmischung unterrühren.
⑧ So lange rühren, bis die Masse dicklich wird.
⑨ Die Äpfel auf Dessertellern anrichten und mit der Vanillesoße übergießen.

Zutaten:

375 g Äpfel
125 ml Wasser
125 ml Weißwein
150 g Zucker
etwas abger. Zitronenschale

Für die Soße:
125 ml Milch
1 Vanillestange
3 Eigelbe
etwas Zucker

Nachspeisen

Tipp

Anstelle der Zuckerglasur können die Bratäpfel auch nach dem Braten mit Honig bestrichen werden – danach allerdings nicht mehr in den Ofen, damit der Honig nicht anbrennt. **Übrigens:** Bratäpfel verschrumpeln nicht, wenn sie vor dem Braten mit Öl, Margarine oder Butter eingerieben werden.

Bratapfel mit Zucker und Zimt
(für 4 Personen)

Zutaten:

4 kl. Äpfel
Saft von 1 Zitrone
Zucker
Zimt
Johannis- oder Kronsbeeren
1 Ei
Griesmehl
Butter
etwas Zucker

Zubereitung:

1. Aus den Äpfeln das Kerngehäuse ausstechen.
2. Zitronensaft, Zucker und Zimt vermischen und in das Apfelinnere streichen.
3. Die Äpfel mit den Beeren füllen.
4. Das Ei aufschlagen, verquirlen und die Äpfel darin wenden.
5. Die Äpfel dick mit Grießmehl bestreuen.
6. Die Butter in einer feuerfesten Form erhitzen.
7. Die gefüllten Äpfel in die heiße Butter setzen und bei 160 Grad im Ofen goldbraun backen
8. Dick mit Zucker bestreuen und noch einmal ca. 10 Minuten im Ofen glasieren lassen

Nachspeisen

Grießpudding
(für 4-6 Personen)

Zubereitung:

1. Butter zerlassen und vom Herd nehmen.
2. Grieß, Zucker und Salz zur flüssigen Butter geben und verrühren.
3. Nach und nach Zitronenschale und -saft zugeben.
4. Die Eier aufschlagen und trennen.
5. Eigelbe und Milch zur Creme geben.
6. Die Creme vollständig erkalten lassen.
7. In der Zwischenzeit Eiweiß steif schlagen.
8. Eischnee unter die erkaltete Masse heben.
9. Den Pudding 1 Stunde im Wasserbad garen.

Zutaten:

150 g Butter
150 g Grieß
100 g Zucker
1 Pr. Salz
abger. Schale von $\frac{1}{2}$ Zitrone
Saft von $\frac{1}{2}$ Zitrone
5 Eier
$\frac{1}{2}$ l Milch

Apfelpfannkuchen mit Zucker und Zimt
(für 4 Personen)

Zubereitung:

1. Mehl, Milch, Eier, Zucker, Salz und Zitronensaft zu einem dicklichen Rührteig verrühren.
2. Die Äpfel schälen und in Scheiben schneiden.
3. Eine Pfanne erwärmen und 1 EL Butter darin schmelzen.
4. 1 EL Zucker in das heiße Fett streuen und karamellisieren lassen.
5. Herdplatte herunterschalten.
6. Den Pfannenboden mit Apfelscheiben bedecken und kurz im Karamell bräunen lassen.
7. Die Apfelscheiben mit Teig bedecken.
8. Nach ca. 2 Minuten den Pfannkuchen wenden und auch von der anderen Seite 2 Minuten braten.
9. Auf einen Teller gleiten lassen und mit Zucker und Zimt bestreut servieren.

Zutaten:

150 g Mehl
375 ml Milch
7 Eier
50 g Zucker
1 Pr. Salz
Saft von 1 Zitrone
750 g Äpfel
80 g Butter
60 g Zucker
etwas Zimt

Nachspeisen

Hefepudding
(für 4 Personen)

Zutaten:

20 ml lauwarme Milch
500 g Mehl
25 g Hefe
1 Nelke
35 g Fett
3 Eier
65 g Zucker
1 EL Zitronenzucker
etwas Zimt
etwas Salz
125 g Korinthen
25 g Sultaninen
12 g Zitronat

Für die Form:
etwas Butter
10 g Semmelbrösel

Tipp: Dazu schmeckt Frucht- oder Weinsoße.

Zubereitung:

① Milch und 125 g Mehl mit der Hefe anrühren und gehen lassen.
② Die Nelke fein zerstoßen.
③ Das Fett verrühren und alle übrigen Zutaten damit vermischen.
④ Den Hefevorteig und das restliche Mehl untermischen und kräftig verschlagen.
⑤ Masse in eine mit Butter ausgestrichene und mit Semmelbröseln ausgestreute Puddingform füllen. Dabei sollte die Form nur bis zur Hälfte gefüllt werden.
⑥ Den Pudding 30 Minuten aufgehen lassen und anschließend fest verschlossen im Wasserbad 90 Minuten kochen.

Igel im Schnee
(für 6 Personen)

Zutaten:

125 g ger. Schwarzbrot
100 g ger. Zartbitterkuvertüre
60 g Zucker
15 g Vanillezucker
4 cl Cointreau (Orangenlikör)
100 g Mandelstifte
500 g Schlagsahne

Zubereitung:

① Schwarzbrotbrösel und Kuvertüre mit Zucker und Vanillezucker vermengen.
② Mit dem Cointreau etwas anfeuchten und die Masse zu einer Kugel formen.
③ Die Kugel in ein Glas oder eine Glasschale legen und mit Mandelstiften spicken.
④ Die Sahne steif schlagen.
⑤ Die Sahne um den Mandeligel streichen.

Karamell-Flammeri
(für 4–6 Personen)

Zubereitung:

1. Wasser zum Kochen bringen.
2. Den Zucker in einem Topf unter Rühren erwärmen, bis er braun karamellisiert ist.
3. Das Karamell mit dem kochenden Wasser ablöschen.
4. Die Hälfte der Milch erhitzen und ebenfalls zum Karamell gießen.
5. Alles gemeinsam aufkochen.
6. Den Topf von der Flamme nehmen.
7. Die Eier trennen.
8. Eigelbe, Kartoffelmehl, Vanillezucker und die restliche Milch aufschlagen.
9. Die Karamell-Milch erneut aufkochen, die Eigelbmasse hinzugeben und kräftig rühren.
10. Den Topf vom Herd nehmen, bevor die Eier zu stocken beginnen.
11. Den Rum zufügen und unterheben.
12. Die Creme erkalten lassen, dabei ständig rühren.
13. Das Eiweiß zu Schnee schlagen und unter die lauwarme Karamellcreme ziehen.
14. In kleine Glasschüsseln füllen und kalt servieren.

Zutaten:

125 ml Wasser
200 g Zucker
1 l Milch
2 Eier
100 g Kartoffelmehl
1 Pck. Vanillezucker
2 EL Rum

Karamell-Flammeri lassen sich auch flambiert servieren. Dazu wird die Creme in kleine Auflaufbecher aus Steingut gefüllt. Etwas Rum und Zucker darübergeben und vorsichtig mit einem Streichholz anzünden.

Nachspeisen

Orangencreme
(für 15–20 Personen)

Zubereitung:

1. Die Gelatine in kaltem Wasser einweichen.
2. Von 4 Orangen Zesten reißen.
3. Eigelbe mit Zucker und Vanillezucker schaumig schlagen.
4. Die restlichen Orangen auspressen und den Saft erhitzen.
5. Die Gelatine ausdrücken und im heißen Orangensaft auflösen.
6. Den Gelatinesaft mit dem Cointreau und den Orangenzesten mischen und unter die Eigelb-Zucker-Creme rühren.
7. Die Masse abkühlen lassen.
8. Eiweiß zu steifem Schnee schlagen.
9. Sahne ebenfalls steif schlagen.
10. Eischnee und Sahne unter die abgekühlte Orangencreme rühren.
11. Zum Anrichten mit feinen Orangenschalen oder Zesten garnieren.

Zutaten:

16 Blatt Gelatine
2 kg Orangen
16 Eigelbe
200 g Zucker
4 EL Vanillezucker
8 EL Cointreau (Orangenlikör)
8 Eiweiß
500 g Sahne

Nachspeisen

Welfenspeise
(für 6 Personen)

Zubereitung:

1. Für die weiße Creme Milch mit der Vanillestange aufkochen.
2. Die Speisestärke kalt mit Wasser anrühren, in die kochende Milch geben und binden lassen.
3. Mit Zucker abschmecken.
4. Eiweiß steif schlagen und unterheben.
5. Die Masse in eine Glasschale geben.
6. Für die gelbe Creme die Gelatine 10 Minuten im kalten Wasser einweichen, dann ausdrücken.
7. Eier, Weißwein, Zucker, Zitronensaft und -schale sowie Gelatine im Wasserbad bis zum Dickwerden aufschlagen.
8. Die gelbe Masse über die weiße geben und vor dem Servieren erkalten lassen.

Zutaten:

Für die weiße Creme:
$1/2$ l Milch
$1/2$ Vanillestange
35 g Speisestärke
etwas Wasser
30 g Zucker
2 Eiweiß

Für die gelbe Creme:
4 Blatt weiße Gelatine
3 Eier
125 ml Weißwein
70 g Zucker
Saft und Schale von
1 Zitrone

Die Welfenspeise ist eine kulinarische Spezialität aus Niedersachsen. Ihren Namen verdankt sie dem niedersächsischen Adelsgeschlecht der Welfen, die in ihrem Wappen die Farben Gelb und Weiß trugen.

Nachspeisen

Zutaten:

½ l Milch
1 Pck. Puddingpulver
2 Eigelbe
2 Pck. Vanillezucker
Zucker nach Geschmack
1 Pr. Salz
500 g Sahnequark

Quarkspeise
(für 6 Personen)

Zubereitung:

① Die Milch zum Kochen bringen.
② Das Puddingpulver in die Milch rühren.
③ Eigelbe unter die Puddingmilch heben.
④ Vanillezucker, Zucker und Salz einrühren.
⑤ Zum Schluss den Sahnequark unterrühren.

Reispudding mit Makronen
(für 6 Personen)

Tipp
Der Makronen-Reispudding schmeckt sehr lecker mit einer Weinschaumsoße.

Zubereitung:

① Reis in der Milch mit der Zimtstange und Zitronenschale langsam gar kochen.
② Reis etwas abkühlen lassen, dann die Zimtstange entfernen und Butter unterrühren.
③ Eier trennen, Eiweiß steif schlagen.
④ Zucker und Eigelbe unter den abgekühlten Reis mischen.
⑤ Eischnee unterheben.
⑥ Die Masse abwechselnd mit den Makronen lagenweise in eine gut eingefettete Form geben.
⑦ Im Wasserbad 2,5 Stunden garen.

Zutaten:

250 g Milchreis
1 l Milch
1 Zimtstange
etwas abger. Zitronenschale
125 g Butter
10 Eier
125 g Zucker
300 g Makronen

Back-werk

Ohne Mehl und Wasser ist übel backen.

Bienenstich
(für 8 Personen)

Zubereitung:

① Für den Teig die Hefe mit 1 TL Zucker und der Milch verrühren und zugedeckt an einem warmen Ort 15 Minuten gehen lassen.
② Die Butter schmelzen und etwas abkühlen lassen.
③ Das Mehl in eine Schüssel geben und in die Mitte eine Vertiefung drücken.
④ Den Hefeansatz in die Mulde gießen.
⑤ 75 g Zucker, Salz, die lauwarme, flüssige Butter und die Eier zugeben.
⑥ Alles zu einem glatten Hefeteig verkneten, bis er Blasen wirft.
⑦ Den Teig nochmals 30 Minuten gehen lassen.
⑧ Wenn der Teig sein Volumen verdoppelt hat, nochmals durchkneten.
⑨ Eine Fettpfanne einfetten und den Teig gleichmäßig darauf ausrollen.
⑩ Für die Glasur die Butter in einer Pfanne erhitzen.
⑪ Den Zucker unter Rühren zugeben.
⑫ Sofort die Sahne und die Mandeln bzw. Nüsse einrühren und alles etwas karamellisieren lassen.
⑬ Für die Füllung die Vanilleschote längs aufschneiden und das Vanillemark herauskratzen.
⑭ Milch, Zucker und Vanillemark aufkochen.
⑮ Die Gelatine in kaltem Wasser einweichen, ausdrücken und unter die Milchmasse rühren.
⑯ So lange erhitzen, bis sich die Gelatine komplett aufgelöst hat, dann abkühlen lassen.
⑰ Die Sahne steif schlagen.
⑱ Schlagsahne, Sultaninen und Zitronat unter die kalte, angedickte Masse heben.
⑲ Die etwas abgekühlte Mandelmasse gleichmäßig auf die Teigfläche streichen.
⑳ Den Teig erneut gehen lassen, bis er doppelt so hoch geworden ist.
㉑ Ofen auf 200 bis 220 Grad vorheizen und den Kuchen auf mittlerer Schiene 15 Minuten backen.
㉒ Erkalten lassen, dann in der Mitte waagerecht durchschneiden, sodass 2 Platten entstehen.
㉓ Die untere Platte ohne Mandelschicht mit der Cremefüllung bestreichen.
㉔ Die Mandelplatte auf die Füllung legen.
㉕ In Stücke schneiden und servieren.

Zutaten:

Für den Teig:
1 Pck. Trockenhefe
80 g Zucker
ca. 200 ml Milch
40 g Butter
500 g Mehl
1 Pr. Salz
2 Eier
etwas Butter oder Margarine

Für die Glasur:
100 g Butter
150 g Zucker
3-4 EL Sahne
200 g Mandel- oder Haselnussblätter

Für die Füllung:
1 Vanillestange
$1/2$ l Milch
60 g Zucker
7 Blatt weiße Gelatine
250 g Schlagsahne
60 g in Rum eingeweichte Sultaninen
etwas Rum
50 g Zitronat

Backwerk

Butterkuchen vom Blech
(für 4–6 Personen)

Zutaten:

200 g saure Sahne
200 g Zucker
400 g Mehl
4 Eier
1 Pr. Salz
1 Pck. Backpulver
2 EL Milch

Für den Belag:
125 g Butter
125 g Zucker
150 g Mandelblätter

Zubereitung:

① Aus saurer Sahne, Zucker, Mehl, Eiern, Salz, Backpulver und Milch einen Rührteig herstellen.
② Die Fettpfanne eines Backofens einfetten und den Teig gleichmäßig darauf verteilen.
③ Den Teig 5 Minuten bei 180 Grad anbacken.
④ Für den Belag die Butter zerlassen.
⑤ Zucker und Mandelblätter hinzugeben und verrühren.
⑥ Diese Masse über den Teig geben und gut verteilen.
⑦ Den Kuchen 15 bis 20 Minuten bei 200 Grad abbacken.

Zutaten:

6 Eier
130 g Zucker
70 g Vollmilchkuvertüre
70 g süße Mandelstifte
30 g bittere Mandeln
etwas Zimt
6 Nelken
etwas Anis
125 g getr. Schwarzbrot
abger. Schale von 1 Zitrone
30 ml Rotwein

Brottorte
(für 8 Personen)

Zubereitung:

① Die Eier trennen.
② Eigelbe mit Zucker kalt aufschlagen.
③ Die Kuvertüre reiben.
④ Die süßen und bitteren Mandeln zerstoßen.
⑤ Kuvertüre, Mandeln, Zimt, Nelken und Anis mischen und unter die Eimasse rühren.
⑥ Schwarzbrot fein reiben und mit der Zitronenschale in den Teig geben.
⑦ Mit Rotwein anfeuchten und zu einem festen Teig verrühren.
⑧ Eiweiß steif schlagen und unterrühren.
⑨ Die Brottorte 60 Minuten bei 180 Grad backen.

Bergische Waffeln
(für ca. 10 Waffeln)

Zubereitung:

1. Alle Zutaten nach und nach verrühren.
2. Das Waffeleisen leicht einölen und vorheizen.
3. Mit einer Schöpfkelle Teig in die Mitte des Waffeleisens geben und die Waffeln je nach Bräunungswunsch ausbacken lassen.

Zutaten:

125 g Butter
50 g Zucker
2 EL Vanillezucker
1 Pr. Salz
4 Eier
abger. Schale v. 1 Zitrone
250 g Mehl
1 gestr. TL Backpulver
¼ l Milch
etwas Öl für das Waffeleisen
2 EL Puderzucker zum Bestreuen

Frankfurter Kranz
(für 16 Personen)

Zubereitung:

1. Für den Teig Butter und Zucker schaumig schlagen.
2. Salz, Zitrone, Eier und Rum unterrühren.
3. Mehl, Speisestärke und Backpulver vermischen.
4. Die Mehlmasse nach und nach unter den übrigen Teig geben und verrühren.
5. Eine Kranzform mit dem Fett ausstreichen und den Teig einfüllen.
6. Auf mittlerer Schiene bei 175 Grad 45 Minuten backen.
7. Nach Ende der Backzeit den Kuchen stürzen und gut auskühlen lassen.
8. Den abgekühlten Kuchen dreimal waagerecht durchschneiden.
9. Für die Füllung Zucker mit Wasser kochen.
10. Eigelbe schlagen.
11. Das warme Zuckerwasser zum Ei gießen und verrühren.
12. Rum zugeben und so lange alles schlagen, bis die Creme abgekühlt ist.

Zutaten:

Für den Teig:
125 g Butter
150 g Zucker
1 Pr. Salz
abger. Schale v. 1 Zitrone
4 Eier
4 EL Rum
150 g Mehl
2 EL Speisestärke
1 TL Backpulver
etwas Fett

Für die Füllung:
200 g Zucker
6 EL Wasser
5 Eigelbe
4 EL Rum
200 g weiche Butter

Zum Garnieren:
200 g Krokant
8 kandierte Kirschen

⑬ Butter schaumig schlagen.
⑭ Die Eimasse langsam zur Butter geben und aufschlagen.
⑮ Die Schnittstellen der drei Teigringe mit der Buttercremefüllung bestreichen und die Teile wieder zusammensetzen.
⑯ Auch die Ränder mit der Creme umhüllen, einen Rest der Creme zur Seite stellen.
⑰ Den Kuchen mit Krokant bestreuen.
⑱ Die restliche Creme in einen Spritzbeutel mit Sterntülle füllen.
⑲ In gleichmäßigen Abständen 16 Buttercremetupfen auf den Kranz spritzen.
⑳ Die kandierten Kirschen halbieren und jeweils eine halbe Kirsche auf die Cremetupfen setzen.

Gugelhupf
(für 8-10 Personen)

Zubereitung:

① Das Mehl in eine Schüssel geben und in die Mitte eine Vertiefung drücken.
② Die Hefe in die Mulde bröseln.
③ Die Milch zur Hefe geben und verrühren.
④ Den Vorteig zugedeckt 15 Minuten ruhen lassen.
⑤ Butter, Zucker, Salz, Zitronenschale, Rum, Eier und Eigelbe schaumig schlagen.
⑥ Nach der Ruhezeit die Hefemilch mit dem Mehl vermengen und die Eiermischung zufügen.
⑦ Alles gut verrühren.
⑧ Rosinen, Korinthen, Mandeln und Zitronat einstreuen und alles zu einem glatten Teig verarbeiten.
⑨ Den Teig erneut 30 Minuten zugedeckt gehen lassen.
⑩ Backofen auf 200 Grad vorheizen.
⑪ Eine Gugelhupfform gründlich einfetten und mit Semmelbröseln ausstreuen.
⑫ In jede Rille der Form eine Mandel legen.
⑬ Den Teig gleichmäßig in die Form füllen.
⑭ Den Gugelhupf auf der mittleren Schiene des Backofens bei 200 Grad 45 Minuten backen.
⑮ Den Kuchen noch warm aus der Form stürzen, mit Puderzucker bestreuen oder mit Kuvertüre bestreichen.

Zutaten:

500 g Mehl
40 g Hefe
ca. 200 ml lauwarme Milch
180 g Butter
120 g Zucker
½ TL Salz
abger. Schale v. 1 Zitrone
2 cl Rum
3 Eier
2 Eigelbe
50 g Rosinen
50 g Korinthen
100 g geh. Mandeln
50 g geh. Zitronat
Fett für die Form
Semmelbrösel
16 abgezogene Mandeln
Puderzucker oder Kuvertüre.

Backwerk

Zutaten:

500 g Mehl
30 g Hefe
¼ l lauwarme Milch
150 g Rosinen
etwas Zitronensaft
60 g Butter
60 g Zucker
2 Eier

Außerdem:
1 Eigelb
1 EL Wasser
50 g Mandelstifte
20 g Zucker
1 EL Wasser

Hefezopf mit Rosinen
(für 6 Personen)

Zubereitung:

1. Das Mehl in eine Schüssel geben und in die Mitte eine Vertiefung drücken.
2. Hefe in die Mulde bröseln.
3. Die Milch zur Hefe gießen und verrühren.
4. Den Vorteig zugedeckt 15 Minuten ruhen lassen.
5. Rosinen in Zitronensaft einlegen.
6. Butter, Zucker und Eier schaumig schlagen.
7. Die Rosinen in die Eiermasse geben.
8. Die Masse zur Hefe geben und alles gut verkneten.
9. Die Teigkugel mit Mehl bestäuben und zugedeckt 30 Minuten gehen lassen, bis sich das Teigvolumen verdoppelt hat.
10. Den Teig nochmals durchkneten und weitere 30 Minuten ruhen lassen.
11. Den Teig in drei gleich große Portionen teilen.
12. Eine Arbeitsfläche mit Mehl bestäuben und die drei Teigportionen jeweils zu einer Rolle mit spitzen Enden formen.
13. Die drei Rollen zu einem Zopf flechten.
14. Ein Backblech einfetten und den Zopf darauflegen.
15. Eigelb und Wasser verquirlen und mit einem Pinsel auf dem Zopf verstreichen.
16. Zucker in Wasser auflösen und die Mandeln zugeben.
17. Die Mandelmasse über den Zopf streuen, vor allem in die Vertiefungen.
18. Den Zopf nochmals 15 Minuten ruhen lassen, dann auf der mittleren Schiene im Ofen bei 200 Grad 30 bis 35 Minuten backen.

Käsekuchen mit Streuseln
(für 8 Personen)

Zubereitung:

1. Für den Boden das Mehl sieben.
2. Die Hefe zur Milch geben und verrühren.
3. Die Masse mit dem Mehl bestäuben und wieder verrühren.
4. Den Teig zugedeckt 30 Minuten gehen lassen.
5. Margarine zerlassen und mit Zucker und Salz zum Teig geben.
6. Den Teig glatt kneten, anschließend auf einem Kuchenblech ausrollen und im warmen, leicht geöffneten Backofen gehen lassen.
7. Für die Quarkfüllung Eier, Margarine, Zucker und Vanillezucker schaumig rühren.
8. Zitronensaft und -schale, Quark und Speisestärke einrühren.
9. Für die Streusel Butter, Mehl, Zucker und Zimt in eine Rührschüssel geben und mit dem Knethaken vermischen.
10. Die Quarkmasse auf den Teig streichen.
11. Die Streusel auf der Quarkmasse verteilen.
12. Den Käsekuchen bei 200 Grad 35 bis 45 Minuten backen.

Zutaten:

Für den Boden:
250 g Mehl
15 g Hefe
$1/8$ l lauwarme Milch
40 g Margarine
1 EL Zucker
1 Pr. Salz

Für die Quarkfüllung:
2 Eier
150 g Margarine
125 g Zucker
1 Pck. Vanillezucker
Saft und Schale von 1 Zitrone
750 g Magerquark
2 gestr. EL Speisestärke

Für die Streusel:
125 g zerlassene Butter
200 g Mehl
125 g Zucker
$1/2$ TL Zimt

Backwerk

Kalter Hund
(für 8 Personen)

Zubereitung:

1. Puderzucker, Milch, Kakao, Mandeln, Sahne und Ei verrühren.
2. Kokosfett langsam zerlassen.
3. Das flüssige Kokosfett unter Rühren in die Kakaomasse geben.
4. Ggf. mit einem Schuss Rum, Weinbrand und Vanillezucker verfeinern.
5. Eine kleine Kastenform mit Alufolie auslegen.
6. Den Boden dünn mit der Kakaomasse bedecken.
7. Darauf eine Schicht Kekse legen.
8. Wechselweise Kakaomasse und Kekse schichtförmig in die Form füllen, bis die Zutaten verbraucht sind.
9. Den Kuchen 2 Stunden kalt stellen.
10. Aus der Form stürzen und in Scheiben schneiden.

Zutaten:

3 EL Puderzucker
2 EL Milch
2 EL Kakaopulver
5 EL gehobelte Mandeln
250 g Sahne
1 Ei
125 g Kokosfett
ggf. etwas Rum oder Weinbrand
etwas Vanillezucker
24 Stück Butterkekse

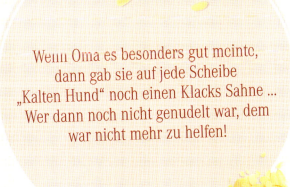

Wenn Oma es besonders gut meinte, dann gab sie auf jede Scheibe „Kalten Hund" noch einen Klacks Sahne ... Wer dann noch nicht genudelt war, dem war nicht mehr zu helfen!

Backwerk

Zutaten:

250 g Kartoffeln
50 g Rosinen
2 cl Rum
6 Eigelbe
150 g Zucker
1 Pr. Salz
50 g Zitronat
abger. Schale v. 1 Zitrone
100 g gem. Mandeln
6 Eiweiß
etwas Butter
Semmelbrösel
20 g Puderzucker

Kartoffeltorte
(für 8 Personen)

Zubereitung:

① Am Vortag die Kartoffeln in der Schale kochen und etwas abkühlen lassen, dann pellen. Zugedeckt in einer Schüssel stehen lassen.
② Am nächsten Tag die Rosinen waschen, mit Rum begießen und 60 Minuten quellen lassen.
③ In der Zwischenzeit die Kartoffeln fein reiben.
④ Eigelbe mit Zucker und Salz schaumig rühren.
⑤ Das Zitronat klein schneiden.
⑥ Nach und nach Zitronenschale, Mandeln und Zitronat zur Eimasse geben.
⑦ Die Kartoffeln und die abgetropften Rosinen untermischen.
⑧ Eiweiß steif schlagen und vorsichtig unterziehen.
⑨ Backofen auf 180 Grad vorheizen.
⑩ Eine Springform (24 cm Durchmesser) einfetten und mit Semmelbröseln ausstreuen.
⑪ Den Teig in die Form füllen.
⑫ Die Torte auf der mittleren Schiene ca. 60 Minuten backen.
⑬ Nach dem Auskühlen mit Puderzucker bestäuben.

Tipp

Skepsis ist nicht angebracht – die Torte mit dem saftigen Kartoffelteig ist sehr lecker und ganz leicht zuzubereiten.

Königskuchen
(für 6 Personen)

Zubereitung:

1. Rosinen und Zitronat ca. 60 Minuten in Rum einweichen.
2. Butter, 70 g Zucker und Zitronenschale schaumig schlagen.
3. Die Eier trennen. Eigelbe in den Teig geben und erneut schaumig aufschlagen.
4. Eiweiß steif schlagen.
5. Den restlichen Zucker nach und nach in den Eischnee geben und weiterschlagen, bis ein fester Schaum entstanden ist.
6. Rosinen, Zitronat und Mehl vermischen.
7. Eischnee und Mehlmasse in die Buttermasse geben und alles vorsichtig unterheben.
8. Den Backofen auf 180 Grad vorheizen.
9. Den Teig in eine mit Backpapier ausgelegte Kastenform geben, gut verteilen und glatt streichen.
10. Den Kuchen auf der mittleren Schiene 50 bis 60 Minuten backen.
11. In der Form auskühlen lassen, erst dann stürzen.
12. Nach Belieben mit Puderzucker bestäuben.

Zutaten:

100 g Rosinen
40 g Zitronat
2 cl Rum
110 g Butter
200 g Zucker
abger. Schale v. 1 Zitrone
6 Eier
200 g Mehl
ggf. Puderzucker

Tipp

Mit einem Holzstäbchen lässt sich zum Ende der Backzeit prüfen, ob der Königskuchen schon gar ist. Wenn noch etwas Teig am Stäbchen klebt, bleibt der Kuchen noch ein paar Minuten im Ofen.

Backwerk

Möhrenkuchen
(für 8 Personen)

Zubereitung:

1. Möhren putzen und ganz fein reiben.
2. Eier trennen.
3. 80 g Zucker, Salz, Zitronenschale und Eigelbe schaumig schlagen.
4. Eiweiß und restlichen Zucker steif schlagen.
5. Mehl, Möhrenraspel und Mandeln verrühren.
6. Den Eischnee unter die Eimasse heben.
7. Das Mehlgemisch zugeben.
8. Den Teig in eine gefettete Springform füllen.
9. Im Backofen auf mittlerer Schiene bei 190 Grad 55 Minuten backen.
10. Kuchen ganz auskühlen lassen, erst dann aus der Form lösen.
11. Kuchen einmal quer durchschneiden und mit Aprikosenkonfitüre bestreichen.
12. Beide Hälften wieder zusammensetzen.
13. Aus Puderzucker und Wasser einen Guss herstellen.
14. Tortendeckel und Ränder dick mit Zuckerguss umhüllen und mit Mandelblättern verzieren.

Zutaten:

250 g Möhren
6 Eier
250 g Zucker
1 Msp. Salz
abger. Schale von 1 Zitrone
200 g Weizenvollkornmehl
250 g gem. Mandeln
50 g Aprikosenkonfitüre

Für die Glasur:
150 g Puderzucker
400 ml Wasser
150 g Mandelblätter

Backwerk

Pflaumen-/Zwetschgentarte
(für 6 Personen)

Während die süßen Pflaumen auch pur lecker schmecken, sind Zwetschgen saurer und eignen sich besonders gut zum Backen.

Zutaten:

20 g Hefe
1 EL Zucker
20 ml lauwarme Milch
400 g Weizenvollkornmehl
1 Pr. Salz
1 Ei
100 g Zucker
75 g Butter
1,5 kg Pflaumen/Zwetschgen
½ TL Zimt

Zubereitung:

1. Hefe und 1 EL Zucker in der Milch auflösen.
2. Die Hälfte des Mehls, Salz, Ei und 75 g Zucker in die Hefemilch geben und verrühren.
3. Die Butter zerlassen und ebenfalls mit dem Teig verrühren.
4. Das restliche Mehl zugeben und alles zu einem glatten Teig verkneten.
5. Den Teig zugedeckt 30 Minuten gehen lassen.
6. In der Zwischenzeit die Pflaumen waschen, entkernen und vierteln.
7. Den Teig nach der Ruhezeit kräftig durchkneten, ausrollen und auf ein gefettetes Backblech legen.
8. Die Pflaumenviertel mit der Schnittseite nach oben in den Teig stecken.
9. Die Tarte auf der mittleren Schiene bei 220 Grad backen.
10. Den restlichen Zucker mit Zimt mischen.
11. Die Zucker-Zimt-Mischung nach dem Backen über die Pflaumen streuen.

Tipp

Wenn der Kuchen zu dunkel wird, rasch mit einer Alufolie abdecken und weiter ausbacken.

Riemchentarte mit Birnenfüllung
(für 6–8 Personen)

Zubereitung:

1. Für den Teig das Mehl in eine Rührschüssel geben und eine Mulde in die Mitte drücken.
2. Die kalte Butter in kleinen Stücken auf dem Mehlrand verteilen.
3. Ei, Zucker und Salz in die Mulde geben.
4. Alles rasch zu einem glatten Teig verkneten.
5. Die Teigkugel zugedeckt 60 Minuten im Kühlschrank ruhen lassen.
6. Eine Arbeitsfläche mit Mehl bestäuben.
7. Den Teig in Größe der Form oder des Bleches ausrollen, etwas Teig für die Riemchen beiseitelegen.
8. Form oder Blech einfetten, den Teig hineinlegen und einen Rand hochziehen.
9. Den Teig mit Pergamentpapier abdecken.
10. Hülsenfrüchte auf das Pergament geben und den Teig bei 175 Grad 10 Minuten blindbacken.
11. Die Form aus dem Ofen nehmen, Hülsenfrüchte und das Papier entfernen und den Boden auskühlen lassen.
12. Für die Füllung die Birnen schälen, halbieren, entkernen und in dünne Spalten schneiden.
13. Die Butter schmelzen.
14. Den Kuchenboden mit einem Teil der zerlassenen Butter bestreichen.
15. Die Birnenspalten fächerförmig auf dem Boden verteilen.
16. Die restliche Butter darübergeben.
17. Aus den restlichen Teigstreifen mit dem Verzierrad kleine Riemchen mit Zackenrand schneiden.
18. Die Riemchen gitterförmig über der Birnenfüllung verteilen und mit den Rändern verbinden.
19. Die Riemchen mit Eigelb bestreichen.
20. Mandelblättchen über den Kuchen streuen.
21. Den Kuchen bei 175 Grad 30 Minuten backen.

Zutaten:

Für den Teig:
200 g Mehl
175 g Butter
1 Ei
80 g Zucker
1 Pr. Salz
etwas Mehl
etwas Fett
500 g Hülsenfrüchte zum Blindbacken

Für die Füllung:
500 g Birnen
100 g Butter
1 Eigelb
50 g Mandelblättchen

Backwerk

Zutaten:

250 g Butter
250 g Mehl
1 Ei
5 Eigelbe
¼ l lauwarme Milch
50 g Hefe
50 g Zucker
1 TL Salz
500 g feines Mehl
Frittierfett zum Ausbacken
etwas Zucker oder Puderzucker

Krapfen
(für 6 Personen)

Zubereitung:

1. Die Butter in einem Topf zerlassen.
2. Mehl, Butter, Ei und Eigelbe vermischen.
3. Milch, Hefe, Zucker und Salz dazugeben und den Teig verrühren.
4. Mit dem feinen Mehl zu einem leichten Teig kneten.
5. Den Teig 30 Minuten gehen lassen, anschließend mit einem Nudelholz fingerdick ausrollen.
6. Mit einem Glas Scheiben aus dem Teig ausstechen.
7. Die Teigstücke nochmals 20 Minuten gehen lassen.
8. Zum Ausbacken das Fett in einer Fritteuse oder einem hohen Topf erhitzen und die Ballen hineingeben, bis sie knusprig braun sind.
9. Die Krapfen noch heiß in Zucker oder Puderzucker wälzen.

Wichtig für leckere Ergebnisse beim Frittieren ist die richtige Temperatur des Frittierfettes. 175 Grad sind ideal, damit die Krapfen schnell braun werden und sich nicht mit Fett vollsaugen. Gut geeignete Frittierfettsorten sind Kokosfett oder hitzebeständiges Pflanzenöl.

Streuselkuchen mit Füllung
(für 6 Personen)

Zubereitung:

1. Das Mehl in eine Rührschüssel geben und eine Mulde in die Mitte drücken.
2. Die Hefe hineinbröckeln, die Milch hinzugießen und beides verrühren.
3. Den Vorteig zugedeckt 15 Minuten ruhen lassen.
4. Die Butter schmelzen.
5. Zucker, Ei und Salz in die Butter geben.
6. Die Zuckermasse zur Hefe geben.
7. Alles zu einem glatten Knetteig verarbeiten.
8. Die Teigkugel zugedeckt nochmals 15 Minuten gehen lassen, bis sie ihr Volumen verdoppelt hat.
9. Den Teig in Größe einer Springform ausrollen, in die gefettete Form geben und am Rand festdrücken.
10. Für die Füllung Quark, Eier, Zucker, Zitronenschale und Speisestärke verrühren.
11. Die Quarkmasse auf den Teigboden gießen und verteilen.
12. Aprikosen halbieren und entkernen. Mit der Schnittseite nach unten in den Quark drücken.
13. Für die Streusel die Butter schmelzen und mit Mehl, Zucker und Zimt verkneten.
14. Die Streusel über die Aprikosen-Quark-Füllung geben.
15. Den Kuchen auf der mittleren Schiene bei 200 Grad 35 bis 40 Minuten backen.

Zutaten:

Für den Teig:
250 g Mehl
20 g Hefe
1/8 l lauwarme Milch
30 g Butter
30 g Zucker
1 Ei
1/4 TL Salz

Für die Füllung:
600 g Quark
3 Eier
150 g Zucker
abger. Schale v. 1 Zitrone
4 EL Speisestärke
450 g Aprikosen

Für die Streusel:
100 g Butter
175 g Mehl
100 g Zucker
1/2 TL Zimt

Backwerk

Weihnachtsstollen
(für 6 Personen)

Zubereitung:

1. Das Mehl mit dem Backpulver vermischen und in eine Schüssel geben.
2. In die Mitte eine Mulde drücken.
3. Zucker, Quark und Gewürze in die Mulde geben.
4. Eier, Butter und Schmalz hinzufügen.
5. Alles zu einem nicht mehr klebenden Teig verarbeiten.
6. Rosinen, Korinthen, Zitronat und Mandeln untermengen und den Teig zum Stollen formen.
7. Den Stollen auf einem mit Backpapier ausgelegten Backblech bei 180 Grad 30 bis 40 Minuten backen.
8. Nach dem Backen noch heiß mit flüssiger Butter bestreichen und dick mit Puderzucker bestreuen.

Zutaten:

500 g Mehl
1 Pck. Backpulver
200 g Zucker
250 g Quark
1 Pr. Salz
1 TL Zimt
1 TL abger. Zitronenschale
2 Eier
150 g Butter
50 g Schmalz
200 g Rosinen
100 g Korinthen
100 g Zitronat
100 g gestiftelte Mandeln

Für den Guss:
flüssige Butter
Puderzucker

Backwerk

Alphabetisches Rezeptregister

- Altländer Hochzeitssuppe 25
- Anisgebeizter Lachs 58
- Apfel-Cremespeise................................108
- Apfel-Flieder-Suppe 27
- Apfelkraut 43
- Apfelpfannkuchen mit
  Zucker und Zimt 113
- Armer Ritter 44

- Backfisch 58
- Béchamelsoße 64
- Bergische Waffeln 125
- Bienenstich 123
- Birnen, Bohnen und Speck 30
- Bismarcksuppe 30
- Bratapfel mit Zucker und Zimt 111
- Bratkartoffeln 93
- Brotauflauf 78
- Brottorte 124
- Buchweizenpfannkuchen 44
- Butterkuchen vom Blech 124

- Champignonsoße 66
- Cocktailsoße 60
- Coq au vin 85
- Currysoße 61

- Dampfnudeln mit Backobst 41
- Dicke Bohnen 93
- Dunkle bzw. Braune Soße 60

- Feines Apfel-Birnen-Kompott 108
- Forelle mit Pinienkernen 57
- Frankfurter Kranz 125
- Frikadellen..70

- Geflügelgeschnetzeltes
  in Sahnesoße.......................................86
- Gefüllte Buchteln 43
- Gefüllte Kartoffeln 95
- Grießpudding..113
- Grünkohl mit durchwachsenem
  Speck und Brägenwurst 98
- Gugelhupf 127

- Hackfleischtopf 70
- Haferflocken in Milch 27
- Hannöversche Erbsensuppe 29
- Hasenrückenfilet in Blätterteig.........87
- Hefepudding 114
- Hefezopf mit Rosinen 128
- Helle Soße 60
- Himmel und Erde.................................69
- Holländische Soße 61
- Hühnerfrikassee 89

- Igel im Schnee 114

- Jägersoße 62
- Jungschweinschinken 71

- Kalter Hund 131
- Karamell-Flammeri...............................115
- Karpfen in polnischer Soße 53
- Kartoffelgratin.......................................98
- Kartoffelsuppe.......................................31
- Kartoffeltorte 132
- Käsekuchen mit Streuseln..................129
- Kasseler überbacken 71
- Klare Rinderkraftbrühe 34
- Kohlrouladen...97

- Königsberger Klopse 73
- Königskuchen 133
- Krapfen 138
- Kräutersoße 62
- Krautwickel 101
- Krustenschinken 78

- Lauchkuchen mit Hefeteig 45

- Maultaschen 47
- Mayonnaise 63
- Meerrettichsoße 63
- Möhrenkuchen 135

- Obatzter/Obatzda 50
- Ochsenschwanzsuppe 33
- Omas Heringssalat 55
- Orangencreme 117

- Paprikasoße 64
- Paprika-Zucchini-Gemüse 99
- Pfeffersoße 63
- Pfifferlingssuppe 34
- Pflaumen-/Zwetschgentarte 136

- Quarkkeulchen 50
- Quarkspeise 120

- Rahmsoße 64
- Reibekuchen/Puffer 103
- Reiseintopf 35
- Reispudding mit Makronen 120

- Remouladensoße 66
- Rheinischer Sauerbraten 75
- Riemchentarte mit Birnenfüllung 137
- Rindergulasch 82
- Rindsroulade 77
- Rote-Bete-Salat 105

- Sauerfleisch mit Backpflaumen 79
- Sauerkraut 105
- Schlesisches Himmelreich 37
- Schweinebraten klassisch 81
- Schweinerippe mit Backobst 86
- Selleriesalat 106
- Senfsoße 65
- Sommersuppe 37
- Strammer Max 49
- Streuselkuchen mit Füllung 139

- Tafelspitz 83
- Tomatensoße 65

- Vanille-Äpfel 109
- Vinaigrette 66

- Warmer Kartoffelsalat 106
- Weihnachtsstollen 141
- Welfenspeise 119
- Wildragout 90
- Wirsingkohl-Kartoffel-Eintopf 38

- Zwiebelkuchen 49

Alphabetisches Rezeptregister

Landküche

- frisches aus der Natur auf den Tisch -

KRÄUTERSCHÄTZE
192 Seiten
farbig, gebunden
ISBN 978-3-8404-3504-1

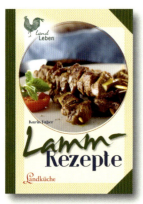  

LAMM-REZEPTE
144 Seiten
farbig, gebunden
ISBN 978-3-86127-883-2

KOHL-REZEPTE
144 Seiten
farbig, gebunden
ISBN 978-3-8404-3502-7

SUPPEN UND EINTÖPFE
128 Seiten
farbig, gebunden
ISBN 978-3-86127-892-4

Kochen zu allen Jahreszeiten

GEMÜSE QUERBEET
144 Seiten
farbig, gebunden
ISBN 978-3-86127-880-1

AROMASCHÄTZE
208 Seiten
farbig, gebunden
ISBN 978-3-86127-887-0

SCHLEMMEREIEN VOM RIND
160 Seiten
farbig, gebunden
ISBN 978-3-86127-885-6

Cadmos Verlag GmbH · Möllner Straße 47 · 21493 Schwarzenbek
Telefon 04151 87 90 7-0 · Telefax 04151 87 90 7-12
Besuchen Sie uns im Internet: www.cadmos.de